Krewerth, Heitmann
Auslandsentsendung von Mitarbeitern

Markus Krewerth, Bernd Heitmann

Auslandsentsendung von Mitarbeitern

Kompaktwissen für die Praxis

Verlag Personal, Recht, Management Ltd.

Bibliographische Information der deutschen Nationalbibliothek
Die Deutsche Nationalbibliothek verzeichnet diese Publikation in der Deutschen Nationalbibliographie; detaillierte bibliographische Daten sind im Internet über http://dnb.d-nb.de abrufbar.

Alle Rechte vorbehalten.
© 2010 by Verlag Personal, Recht, Management Limited, Birmingham
Niederlassung Deutschland: Lindlaustr. 2a, 53842 Troisdorf
Das Werk einschließlich aller seiner Teile ist urheberrechtlich geschützt. Jede Verwendung außerhalb der engen Grenzen des Urheberrechtsgesetzes ist ohne Zustimmung des Verlages unzulässig und strafbar. Das gilt insbesondere für Vervielfältigungen, Übersetzung, Mikroverfilmungen und die Einspeicherung und Verarbeitung in elektronischen Systemen

Umschlagskonzeption: Verlag Personal, Recht, Management Ltd.
Titelbild: © www.fotolia.de
Satz: Verlag Personal, Recht, Management Ltd.
Druck: Books on Demand GmbH, Norderstedt
Printed in Germany, Juni 2010

ISBN 978-3-941388-39-0

Vorwort

Die Arbeitnehmerentsendung gewinnt aufgrund einer fortschreitenden Globalisierung zunehmend an Bedeutung. Dies hat zur Folge, dass sich Arbeitgeber und Arbeitnehmer mit arbeits-, steuer- und sozialversicherungsrechtlichen Vorschriften beschäftigen müssen.

Die Beachtung von Doppelbesteuerungs- und Sozialversicherungsabkommen werfen in der Praxis häufig Probleme auf. Die Vertragsparteien müssen gemeinsam überlegen, wie eine doppelte steuerliche Belastung des Arbeitnehmers vermieden und der optimale sozialrechtliche Versicherungsschutz im Inland aufrecht erhalten werden kann.

Dieses Buch besteht aus vier Teilen. Im ersten Teil geht es um die grundlegenden Besonderheiten der Auslandsentsendung. Insbesondere um die Motive des Arbeitgebers bzw. des Arbeitnehmers für eine Entsendung, die Personalplanung, die Auswahl des geeigneten Personals, die konkrete Vorbereitung und die Betreuung während des Auslandsaufenthalts sowie die Wiedereingliederung nach Beendigung des Auslandseinsatzes.

Im zweiten Teil werden die arbeitsrechtlichen Aspekte der Auslandsentsendung beleuchtet. Hier stehen die arbeitsrechtlichen Voraussetzungen der Entsendung, die maßgeblichen Entsenderichtlinien, die Gestaltungsmöglichkeiten des Entsendevertrags, das Entgelt für die Auslandstätigkeit und die Beendigung der Entsendung im Mittelpunkt der Ausführungen.

Der dritte Teil behandelt die steuerrechtlichen Aspekte der Auslandsentsendung. Es erfolgt ein Überblick über die Grundlagen des deutschen Steuerrechts. Zudem werden die unterschiedlichen Möglichkeiten zur Vermeidung von Doppelbesteuerungen aufgezeigt.

Im abschließenden vierten Teil geht es um die sozialversicherungsrechtlichen Aspekte der Auslandsentsendung. Es werden die Voraussetzungen für den Erhalt des Sozialversicherungsschutzes in Deutschland dargestellt und – sofern keine Versicherungspflicht bestehen sollte – Möglichkeiten für den Erhalt des inländischen Versicherungsschutzes aufgezeigt.

Inhaltsverzeichnis

Vorwort	V
Abkürzungsverzeichnis	XIII

Allgemeiner Teil		**1**
1	Einleitung	1
2	Begriff der Auslandsentsendung	2
2.1	Dienstreise	2
2.2	Abordnung	3
2.3	Entsendung	3
2.4	Versetzung	4
3	**Personalwirtschaftliche Aspekte**	5
3.1	Internationale Ausrichtung der Personalpolitik	5
3.1.1	Ethnozentrische Ausrichtung	5
3.1.2	Polyzentrische Ausrichtung	6
3.1.3	Regiozentrische Ausrichtung	6
3.1.4	Geozentrische Ausrichtung	7
3.2	Entsendungsmotive	7
3.2.1	Motive des Arbeitgebers für eine Entsendung	7
3.2.1.1	Wissenstransfer	8
3.2.1.2	Koordination und Kontrolle ausländischer Tochtergesellschaften	8
3.2.1.3	Transfer der Unternehmensphilosophie	8
3.2.1.4	Personalentwicklung	9
3.2.2	Motive des Arbeitnehmers für eine Entsendung	9
3.2.2.1	Verbesserung der beruflichen Aufstiegschancen	9
3.2.2.2	Mehrverantwortung und selbstständigeres Arbeiten im Gastland	10
3.2.2.3	Höheres Entgelt	10
3.3	Entsendungspolitik	10
3.4	Auswirkungen auf Personalplanung, -auswahl, -entwicklung	11
3.4.1	Personalplanung	11
3.4.1.1	Personalbedarf	11
3.4.1.2	Organisationsplan	12
3.4.1.3	Stellenplan	13
3.4.1.3.1	Stellenbeschreibung	13

3.4.2	Mehrstufige Personalauswahl	14
3.4.2.1	Auswahlkriterien	15
3.4.2.1.1	Fachliche Kompetenz	15
3.4.2.1.2	Führungsfähigkeit	16
3.4.2.1.3	Kulturelle Anpassungsfähigkeit	16
3.4.2.1.4	Sprachkenntnisse	17
3.4.2.1.5	Familiäre Situation	17
3.4.3	Internationale Personalentwicklung	18
4	**Vorbereitung des Auslandseinsatzes**	**19**
4.1	Visa, Aufenthalts- und Arbeitserlaubnis, Behördengänge	19
4.2	Lebensgewohnheiten im Gastland	20
4.3	Interkulturelles Training	20
4.4	Gesundheitliche Vorsorge	21
4.5	Berufstätigkeit des begleitenden Partners	21
4.6	Suche von Schulen und Kindergärten im Gastland	21
4.7	Versicherungsschutz im Ausland	22
4.8	Organisation des Umzugs	24
4.9	Wohnung im Heimatland	24
4.10	Wohnung im Gastland	25
4.11	Kostenübernahme durch den Arbeitgeber	25
5	**Betreuung während des Auslandsaufenthalts**	**26**
5.1	Kontakt zum Heimatunternehmen	26
6	**Wiedereingliederung des entsandten Mitarbeiters**	**29**
6.1	Private Wiedereingliederung	30
6.2	Betriebliche Wiedereingliederung	31

Arbeitsrechtlicher Teil — 33

7 Entsendung und Arbeitsrecht — 33

7.1	Arbeitsrechtliche Voraussetzungen der Entsendung	33
7.2	Arten des Entsendevertrages	35
7.2.1	Entsendevertrag als Einstellungsvertrag	35
7.2.2	Kündigung/Aufhebungsvertrag und Entsendevertrag als Neueinstellung	35
7.2.3	Ruhender Arbeitsvertrag und Entsendevertrag als Zusatzvereinbarung	36
7.2.4	Arbeitsvertrag und Entsendevertrag als Ergänzungsvertrag	36
7.2.5	Neuer Einstellungsvertrag mit ausländischer Gesellschaft	37

8 Entsenderichtlinien — 38

8.1	Rechtliche Bedeutung von Entsenderichtlinien	38
8.2	Entsenderichtlinien in kollektivrechtlicher Form	38
8.3	Entsenderichtlinien in Form von Tarifverträgen	39
8.4	Entsenderichtlinien in Form von Betriebsvereinbarungen	39
8.5	Einseitig auferlegte Entsenderichtlinien	40

9 Inhalt des Entsendevertrages — 42

9.1	Zwingende Inhalte nach dem Nachweisgesetz	42
9.2	Dauer der Auslandstätigkeit	42
9.3	Arbeitsentgelt (Währung /Auszahlung)	43
9.4	Zusätzliche Vergütungsbestandteile	43
9.5	Rückkehrbedingungen	44
9.6	Weitere Vertragsbestandteile des Entsendevertrages	45
9.7	Verantwortungsbereich	45
9.8	Wahlmöglichkeit des Arbeitsvertragsstatuts	45
9.9	Rechtswahl bei Arbeitsverträgen	47
9.10	Arbeitsschutzrecht	48
9.11	Arbeitszeit	49
9.12	Urlaubsanspruch	50
9.13	Anwendbarkeit des deutschen Kündigungsschutzgesetzes	51

9.14	Wahl eines Gerichtsstands	51
9.15	Steuern und Sozialversicherung	53
9.16	Aufwendungsersatz	53
9.17	Umzugskosten	53
9.18	Mietkosten	54
9.19	Kostenübernahme für Heimreisen	54
9.20	Sonstige Aufwendungen	54
9.21	Entgeltfortzahlung	55
9.22	Zusatzversicherungen	57
9.23	Betriebliche Altersvorsorge	57
10	**Entgelt für den Entsandten**	**59**
10.1	Vergütungsmodelle	59
10.2	Stammland- oder Heimatlandorientierte Entlohnung	59
11	**Beendigung des Auslandseinsatzes**	**62**
11.1	Beendigung durch Zeitablauf oder Zweckerreichung	62
11.2	Abberufung	62
11.3	Krisensituation im Gastland	62
11.4	Abbruch der Entsendung	64
12	**Kündigung und Beendigung der Entsendung**	**65**
12.1	Geltungsdauer der Zusatzvereinbarung/des Ergänzungsvertrages	65
12.2	Beendigung des Arbeitsverhältnisses während der Entsendung	65
12.3	Zugang und Fristen	67
12.4	Kündigungsgründe	67
12.5	Aufhebungsvertrag	68
12.6	Anwendbarkeit des Betriebsverfassungsgesetzes/ Sprecherausschussgesetzes während der Entsendung	69
12.7	Tarifvertragsrecht	71
13	**Entsendung innerhalb der EU**	**74**
13.1	Richtlinie 96/71/EG Entsenderichtlinie (AEntRL)	74

Steuerrechtliche Aspekte der Auslandsentsendung 77

14 Grundlagen des deutschen Steuerrechts 77

14.1	Grundlagen des deutschen Steuerrechts	77
14.1.1	Unbeschränkte Steuerpflicht	77
14.1.1.1	Wohnsitz	78
14.1.1.2	Gewöhnlicher Aufenthalt	79
14.1.2	Beschränkte Steuerpflicht	79
14.2	Entsendung in einen DBA-Staat	80
14.2.1	Allgemeines	80
14.2.1.1	Ansässigkeit in beiden Abkommensstaaten	81
14.2.1.2	Ansässigkeit im Heimatland	82
14.2.1.3	Ansässigkeit im Tätigkeitsstaat	82
14.2.1.4	Ansässigkeit in keinem der beiden Abkommensstaaten	82
14.2.2	Zuweisung des Besteuerungsrechts bei Einkünften aus nichtselbstständiger Arbeit	82
14.2.2.1	Grundsatz	83
14.2.2.2	Ausnahme	83
14.2.2.3	Rückausnahme	83
14.2.2.3.1	Aufenthalt von 183 Tagen	84
14.2.2.3.2	Nichtansässigkeit des Arbeitgebers im Tätigkeitsstaat	85
14.2.2.3.3	Keine Vergütung durch Betriebsstätte des Arbeitgebers im Tätigkeitsstaat	86
14.2.3	Vermeidung der Doppelbesteuerung	86
14.2.3.1	Anrechnungsmethode	86
14.2.3.2	Freistellungsmethode	87
14.3	Entsendung in einen Nicht-DBA-Staat	87
14.3.1	Anrechnungsmethode	88
14.3.2	Abzugsmethode	89
14.3.2.1	Vergleich der Anrechnungs- mit der Abzugsmetho	90
14.3.3	Erlassmethode	90
14.3.3.1	Vorübergehende Rückkehr ins Inland	91
14.3.3.2	Urlaub und Krankheit	91
14.3.3.2.1	Bordpersonal auf Seeschiffen	92
14.3.3.2.2	Leiharbeitnehmer	92
14.3.3.2.3	Finanzielle Berater	92

Sozialversicherungsrechtliche Aspekte 93

15 Sozialversicherungsrecht 93

15.1	Sozialversicherungsrechtliche Aspekte	93
15.2	Sozialversicherungspflicht in Deutschland	93
15.2.1	Persönlicher Geltungsbereich des SGB IV	93
15.2.2	Räumlicher Geltungsbereich des SGB IV	94
15.2.2.1	Beschäftigungslandprinzip	94
15.2.2.2	Ausnahmen vom Beschäftigungslandprinzip	94
15.2.2.3	Entsendung in vertragsloses Ausland	95
15.2.3	Ausstrahlung der Versicherungspflicht	96
15.2.4	Voraussetzungen der Ausstrahlung	96
15.2.5	Folgen der Ausstrahlung	100
15.3	Beitragspflichtiges Arbeitsentgelt bei Entsendungen	101
15.4	Freiwillige Versicherung in der deutschen Sozialversicherung	102
15.5	EWG- und Sozialversicherungsabkommen	104
15.5.1	EWG-VO 1408/71 bzw. EWG-VO 883/2004 ab Mai 2010	104
15.5.2	Zuweisung der Versicherungspflicht nach Verordnung 1408/71	105
15.5.3	Einheitliche Bescheinigung/Vordrucke	107
15.6	Sozialversicherungsabkommen	107
15.6.1	Sachlicher, persönlicher und zeitlicher Geltungsbereich	108
15.6.2	Bescheinigungen/Vordrucke	109
15.7	Besonderheiten der Leistungen	110

Stichwortverzeichnis **115**

Abkürzungsverzeichnis

a. a. O.	am angegebenen Ort
Abs.	Absatz
Abschn.	Abschnitt
AEntG	Arbeitnehmerentsendegesetz
AEntRL	Arbeitnehmerentsenderichtlinie
AVEO	Anwendungserlass zu Abgabenordnung
a. F.	alte Fassung
Ag	Arbeitsgericht
AO	Abgabenordnung
Art.	Artikel
ArbSchG	Arbeitnehmerschutzgesetz
ArbZG	Arbeitszeitgesetz
AufenthG	Aufenthaltsgesetz
AufenthV	Aufenthaltverordnung
ATE	Auslandstätigkeitserlass
Az.	Aktenzeichen
BAG	Bundesarbeitsgericht
BBesG	Bundesbesoldungsgesetz
BetrAVG	Gesetz zur Verbesserung der betrieblichen Altersversorgung
BetrVG	Betriebsverfassungsgesetz
BFH	Bundesfinanzgericht
BGB	Bürgerliches Gesetzbuch
BGBL.	Bundesgesetzblatt
BGHZ	Amtliche Sammlung der Bundesgerichtshof-Entscheidungen
BMF	Bundesministerium für Finanzen
BSG	Bundessozialgesetz
Bspw.	Beispielsweise
BStBl.	Bundessteuerblatt
BUrlG	Bundesurlaubsgesetz
BVerfG	Bundesverfassungsgesetz

bzgl.	bezüglich
d.h.	das heißt
DBA	Doppelbesteuerungsabkommen
DVKA	Deutsche Verbindungsstelle Krankenversicherung Ausland
EFZG	Entgeltfortzahlungsgesetz
EG	Europäische Gemeinschaft
EGBGB	Einführungsgesetz zum Bürgerlichen Gesetzbuch
EGV	Europäischer Gemeinschaftsvertrag
EStDV	Einkommenssteuer-Durchführungsverordnung
EStG	Einkommenssteuergesetz
EStH	Einkommensteuer-Hinweise
EStR	Einkommensteuer-Richtlinien
etc.	et cetera
EU	Europäische Union
EUGH	Europäischer Gerichtshof
EVÜ	Übereinkommen über das auf vertragliche Schuldverhältnisse anzuwendendes Recht
EWR	Europäischer Wirtschaftsraum
gem.	gemäß
GG	Grundgesetz
ggf.	gegebenenfalls
GKV	Gesetzliche Krankenversicherung
GmbHG	GmbH-Gesetz
grds.	Grundsätzlich
HGB	Handelsgesetzbuch
HS.	Halbsatz
i.d.R.	in der Regel
i.d.F.	in der alten Fassung

IPR	Internationales Privatrecht
i.S.d.	im Sinne des
i. d. S.	in diesem Sinne
i.w.S	im weiteren Sinne
LAG	Landesarbeitsgesetz
lat.	lateinisch
LS.	Leitsatz
MuSchG	Mutterschutzgesetz
NachwG	Nachweisgesetz
NZA	Neue Zeitschrift für Arbeitsrecht
R	Richtlinie
Rdnr.	Randnummer
SGB	Sozialgesetzbuch
SVA	Sozialversicherungsabkommen
SprAuG	Sprecherausschussgesetz
TVG	Tarifvertragsgesetz
u. U.	unter Umständen
VO	Verordnung
ZPO	Zivilprozessordnung

Allgemeiner Teil

1 Einleitung

Infolge der anhaltenden Globalisierung wächst auch die Bedeutung von länderübergreifenden Tätigkeiten der Unternehmen. Diese Entwicklung betrifft längst nicht mehr ausschließlich Großkonzerne. Auch mittelständische Unternehmen sind aufgrund der Internationalisierung der Märkte immer häufiger in verschiedenen Staaten aktiv. Deshalb gewinnt die Entsendung von Arbeitnehmern in das Ausland mehr und mehr an Bedeutung.

Entsendet werden mittlerweile nicht nur Führungskräfte, sondern zunehmend auch Fachkräfte aus Produktion, Entwicklung, Vertrieb etc., die ihre Spezialkenntnisse an Mitarbeiter in ausländischen Niederlassungen, Produktionsstätten sowie anderen Konzernunternehmen vermitteln oder dort operativ eingesetzt werden.

Dieses Praxishandbuch richtet sich insbesondere an mittelständische Unternehmen, die einen schnellen Überblick über die personalwirtschaftlichen, arbeits-, steuer- und sozialversicherungsrechtlichen Aspekte der Entsendung von Arbeitnehmern ins Ausland wünschen.

Im Nachfolgenden soll unter „entsandter Mitarbeiter" - in der Literatur wird auch vielfach der Begriff „Expatriat", kurz *„Expat"* (von lat. *ex*: aus, heraus; *patria*: Vaterland) verwendet - eine Fachkraft verstanden werden, die von einem international tätigen Unternehmen zeitlich befristet ins Ausland geschickt wird.

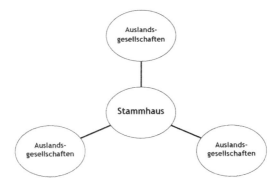

2 Begriff der Auslandsentsendung

Auslandseinsätze können hinsichtlich ihrer Länge, Vertragsgestaltung und Zielsetzung deutlich variieren. Begriffe wie „Entsendung" oder „Auslandseinsatz" werden oft synonym verwendet. Dabei soll der Begriff *„Auslandseinsatz"* lediglich die Zielsetzung des deutschen Unternehmens beschreiben, einen Mitarbeiter in das Ausland zu schicken.

Der Begriff *„Entsendung"* ist kein definierter Rechtsbegriff. Abhängig von dessen Verwendung ergibt sich in einem bestimmten Zusammenhang eine völlig andere Bedeutung.

Als Oberbegriff der Entsendung im sozialversicherungsrechtlichen Sinne versteht man alle befristeten Personaleinsätze. Entsendung ist daher kein Unterscheidungsmerkmal für die Dauer oder Art des Personaleinsatzes im internationalen Ausland. Die nachfolgenden Unterpunkte sollen bei der Zuordnung helfen.

2.1 Dienstreise

Eine Dienstreise liegt bei einer Tätigkeit für den deutschen Arbeitgeber im Ausland vor, wenn diese nicht länger als drei Monate dauert. Diese zeitliche Befristung ist durch das deutsche Steuerrecht begründet.

Eine Dienstreise verfolgt meist den Zweck der kurzfristigen Projektsteuerung oder -realisierung vor Ort. Der Arbeitsvertrag mit dem deutschen Arbeitgeber besteht dabei unverändert fort. Eine Zusatzvereinbarung ist nur dann erforderlich, wenn der Arbeitsvertrag einen ausschließlichen Arbeitsort vorsieht, Dienstreisen ausschließt oder die Dienstreise länger als vier Wochen dauert.

Bei einer Auslandstätigkeit von mehr als vier Wochen hat der Arbeitnehmer gegenüber dem Arbeitgeber einen Rechtsanspruch auf eine schriftliche Bescheinigung über die Dauer der Auslandstätigkeit, über eventuelle Zusatzbestandteile des Arbeitslohns sowie Rückkehrbedingungen. Die Vergütung indes ändert sich während oder für die Dauer der Dienstreise grundsätzlich nicht. Die Übernahme von Reise-, Übernachtungs- und zusätzlichen Verpflegungskosten, neben den üblichen Pauschalen, wird üblicherweise in einer separaten betrieblichen Richtlinie geregelt.

2.2 Abordnung

Dauert der Auslandsaufenthalt des Arbeitnehmers bis zu einem Jahr, so handelt es sich um eine Abordnung. Sie kann mithin als kurzfristige Auslandsentsendung verstanden werden. Durch den im Vergleich zur Dienstreise längeren Aufenthalt im Ausland wird zusätzlich zu dem weiter bestehenden Arbeitsvertrag eine Zusatzvereinbarung notwendig, die den Auslandseinsatz regelt. Aspekte wie die Vorbereitung der Abordnung, Heimfahrten, Arbeitsbedingungen und Unterkunft vor Ort sowie zusätzliche Vergütungsbestandteile sollten in einem Abordnungsvertrag aufgenommen werden.

Merke: Die längerfristige Unterbringung des Mitarbeiters in Hotels ist für das entsendende Unternehmen ein hoher Kostenfaktor. Ein Zweitwohnsitz im Ausland ist daher zu empfehlen und stellt für den entsandten Mitarbeiter eine komfortablere Lösung dar. Die Aufgabe des Wohnsitzes des Mitarbeiters im Heimatland ist grundsätzlich jedoch nicht erforderlich.

2.3 Entsendung

Ist der Auslandsaufenthalt des Mitarbeiters längerfristig erforderlich (z. B. Abwicklung eines Projektes oder Aufbau eine Niederlassung), so stellt dies die eigentliche Entsendung dar.

Wie auch bei der Dienstreise und der Abordnung wird der Arbeitnehmer (Expat) für den deutschen Arbeitgeber zeitlich befristet im Ausland tätig. Für den genauen Umfang der Befristung gilt keine bestimmte Zeitgrenze, jedoch sollte er überschaubar sein.

Die Befristung der Entsendung ist ein Kriterium für die Anwendbarkeit der Regelungen des Sozialversicherungsrechts. Der entsandte Mitarbeiter bleibt während dieser Zeit regelmäßig im deutschen Unternehmen beschäftigt. Möglich ist diese Art der Auslandstätigkeit jedoch nur in Ländern, deren nationales Recht es Ausländern erlaubt, ohne direktes Arbeitsverhältnis mit einem inländischen Arbeitgeber länger als drei Monate in diesem Land tätig zu werden.

Merke: Lebt der Mitarbeiter bereits im Ausland und wird dort direkt beschäftigt oder nimmt für das deutsche Unternehmen von dort aus die Tätigkeit auf (sog. Ortskräfte), handelt es sich arbeitsrechtlich -, steuerrechtlich – und sozialversicherungsrechtlich nicht um eine Entsendung. *(vgl. Kapitel: Arbeitsrecht)*

2.4 Versetzung

Bei einer Versetzung ins Ausland wird der Arbeitnehmer ausschließlich für die ausländische Gesellschaft tätig. Eine zeitliche Befristung der Auslandstätigkeit ist nicht üblich, kann aber auch wie bei jedem andern Arbeitsverhältnis vereinbart werden.

Der Arbeitsvertrag mit der deutschen Gesellschaft wird aufgelöst und ein neuer Vertrag mit dem ausländischen Unternehmen abgeschlossen. Nebenabreden über eine Rückkehr in die Heimatgesellschaft können und sollten vereinbart werden.

Der neue Vertrag unterliegt üblicherweise den örtlichen Rechtsvorschriften. Gehaltsvereinbarungen werden mit der ausländischen Gesellschaft getroffen, ebenso wie zusätzliche Gehaltsbestandteile oder Kostenübernahmevereinbarungen. Damit wird der Arbeitnehmer juristisch und wirtschaftlich der ausländischen Gesellschaft zugeordnet.

Wegen der unbestimmten Aufenthaltsdauer im Ausland verlagert sich der Wohnsitz des Arbeitnehmers meist ins Gastland. Die Wohnung im Heimatland wird voraussichtlich aufgegeben.

3 Personalwirtschaftliche Aspekte

Eine Entsendung sollte sowohl von dem entsendenden Unternehmen als auch von dem Entsandten selbst gründlich bedacht und vorbereitet werden.

Die Ausrichtung der Personalpolitik, die Personalauswahl mit anschließender qualifizierter Vorbereitung der Entsendung, die Betreuung im Ausland und bei der Rückkehr ins Heimatland können den Erfolg der Entsendung und zukünftige Entsendungsvorhaben entscheidend beeinflussen.

3.1 Internationale Ausrichtung der Personalpolitik

Die Globalisierung, die eine zunehmende Internationalisierung der Unternehmen mit sich bringt, wirkt sich natürlich auch auf die Personalpolitik aus.

Sicherlich kommen nicht in allen Unternehmen, die über den nationalen Markt hinaus tätig sind, Arbeitnehmerentsendungen vor. Für viele Unternehmen ist jedoch die Entsendung von Mitarbeitern zu ausländischen Niederlassungen oder zur direkten Betreuung von Projekten beim Kunden zur Routine geworden. Der Personalbedarf hierfür kann auf unterschiedliche Weise gedeckt werden. In der Literatur geht man von vier unterschiedlichen Orientierungen aus, die das internationale Personalmanagement beeinflussen. Der Begriff Personalmanagement beinhaltet hierbei sämtliche Aktivitäten, die mit der Bereitstellung, dem Einsatz und der Aus- und Weiterbildung von Mitarbeitern verbunden sind

Dieses sog. *EPRG-Modell*

*E*thnozentrische Ausrichtung

*P*olyzentrische Ausrichtung

*R*egiozentrische Ausrichtung

*G*eozentrische Ausrichtung

wird nachfolgend genauer beschrieben.

3.1.1 Ethnozentrische Ausrichtung

In der ethnozentrischen Ausrichtung wird von Seiten des Stammhauses versucht, Unternehmenspolitik und Kultur auf alle in- wie ausländische Gesellschaften zu übertragen. Fremdeinflüsse durch die ausländische Kultur und Lebensart sollen weitestgehend vermieden werden.

Führungspositionen werden im In- und Ausland hauptsächlich von Mitarbeitern der Muttergesellschaft besetzt, die die eingeführten Standards überwachen. Die Entscheidungen werden somit direkt oder indirekt von der Muttergesellschaft getroffen. Diese wird in allen Belangen der ausländischen Gesellschaften übergeordnet.

Typisch ist die einseitige Kommunikations- und Informationsstruktur von der Muttergesellschaft zu den Tochterunternehmen. Der Vorteil liegt in der zentralen Steuerungs-/Kontrollmöglichkeit und sich eventuell ergebene Synergieeffekte durch diese Bündelung. Nachteile liegen sicherlich in der mangelhaften Ausschöpfung von vor Ort liegenden Potentialen sowie die schwerfällige Reaktionsmöglichkeit auf regionale Veränderungen. Bei dieser Ausrichtung kommt es insgesamt zu einem hohen Aufkommen an Entsendungen innerhalb des Konzerns.

3.1.2 Polyzentrische Ausrichtung

Die polyzentrische Ausrichtung von Unternehmen zeigt sich in der organisatorischen und kulturellen Unabhängigkeit der Auslandsgesellschaften. Eine einheitliche Unternehmensstruktur wird nicht angestrebt. Im Gegenteil wird viel Wert auf nationale Gegebenheiten gelegt. Dies spiegelt sich auch in sehr unterschiedlichen Führungsstilen und Kommunikationsstrukturen innerhalb des Konzerns wider. Die Entscheidungskompetenz wird von den Tochtergesellschaften selbst wahrgenommen. Der Vorteil liegt hier klar bei der zuweilen notwendigen Sensibilität für den regionalen Markt, der Nachteil bei der Gefahr des Zerfalls von Kernkompetenzen, die die Muttergesellschaft gerade auszeichnen.

Entsendungen kommen nur selten vor, da alle Mitarbeiter der Auslandsgesellschaft möglichst vor Ort rekrutiert werden.

3.1.3 Regiozentrische Ausrichtung

Bei einer regiozentrischen Ausrichtung werden die Ansätze der ethno- und polyzentrischen Organisation miteinander kombiniert. Die Muttergesellschaft bildet das internationale „Headquarter". Daneben existieren regionale Headquarter für bestimmte, nach verschiedenen Komponenten (Kontinente, Religion, Wirtschaftsräume etc.) definierbare Regionen.

In der Regel treffen die regionalen Headquarter und die einzelnen Tochtergesellschaften alle wirtschaftlichen Entscheidungen selbst.

Diese Form der Ausrichtung berücksichtigt die verschiedenen regionalen Kulturen, während erst durch die Zusammenführung im internationalen

Headquarter eine einheitliche Unternehmenskultur möglich wird. Auf Mitarbeiter und Kunden kann so ihrer Kultur entsprechend eingegangen werden, während der Konzern als Ganzes nach Außen eine Einheit demonstriert. Personalentsendungen finden daher nur in begrenztem Rahmen, meist innerhalb der regionalen Grenzen, statt.

3.1.4 Geozentrische Ausrichtung

Die geozentrische Ausrichtung setzt auf die Gleichwertigkeit aller Unternehmenseinheiten und Mitarbeiter. Führungspositionen werden unabhängig von der Herkunft der Mitarbeiter besetzt, wodurch es vorkommen kann, dass sehr viele Mitarbeiter entsandt werden.

Die Geschäftsstrategien werden in gemeinsamen, internationalen Teams erarbeitet und umgesetzt.

Der Vorteil dieser Organisationsform ist sicherlich in langfristig zu erzielenden Synergieeffekten zu sehen, der Nachteil in langen Entscheidungsfindungsphasen und der nur schwer zu vermittelnden „Corporate Identity". In Sachen Entsendungspraxis ist es meist so, dass sowohl die Stamm- als auch die Auslandsgesellschaften bei Entsendungen für alle diesbezüglichen Aspekte selbst verantwortlich sind.

Wegen der zum Teil individuellen Behandlung der Expats durch länderspezifische Besonderheiten und unterschiedlichen Besteuerungsprinzipien kann dies bei solchen Mitarbeitern zu Spannungen und Missgunst führen. Nicht selten führen auch ethnische Unterschiede in den einzelnen Ländern zu personellen Schwierigkeiten. Hier ist besonderes Fingerspitzengefühl im Management gefragt.

3.2 Entsendungsmotive

Einen Mitarbeiter ins Ausland zu entsenden kann unterschiedlichste Motive haben. Im Folgenden werden einige aufgeführt. Dass hierbei die Interessenlage auf Arbeitgeber- sowie Arbeitnehmerseite divergiert, liegt in der Natur der Sache.

3.2.1 Motive des Arbeitgebers für eine Entsendung

Je nach Ausrichtung der internationalen Personalpolitik kann es zu unterschiedlich hohem Aufkommen der Mitarbeiterentsendung kommen. Die Zielvorstellung, die der Arbeitgeber mit einer Entsendung verbindet, resultiert aus allgemeinen Unternehmenszielen sowie Internationalisierungsstrategien.

3.2.1.1 Wissenstransfer

Gerade zu Beginn der Tätigkeit eines Unternehmens im Ausland ist der Transfer von unternehmensinternem Know-how vom Stammhaus zur Niederlassung von großer Bedeutung. Das ethnozentrisch orientierte Unternehmen wird versuchen, sowohl technologisches als auch Management-Know-how auf die ausländische Tochter zu transferieren, um diese dann langfristig unabhängig vom Stammhaus führen zu können.

Unter Management-Know-how sind hier unternehmenspolitische Ziele und Arbeitsweisen, wie Führungstechniken, Planungs- und Kontrollaufgaben, Unternehmensziele und das Auftreten des Unternehmens nach Außen zu sehen.

Der Bereich technologisches Know-how braucht sicher nicht näher erläutert werden, da er sich bei Produktionsfirmen stets in erster Linie auf die Produktionsweise sowie die maschinelle Ausstattung beziehen wird.

Der Know-how-Transfer von Managementwissen zeigt oft Verbindungen zu anderen Entsendungszielen des Arbeitgebers. Durch den Transfer von Führungstechniken und Kontrollaufgaben wird auch ein Teil der Unternehmenskultur des Stammhauses übertragen. Die ausländische Gesellschaft wird mit Funktionen zur Koordination und Überwachung ausgestattet, die von der Muttergesellschaft als Kontrollinstrumente genutzt werden können.

3.2.1.2 Koordination und Kontrolle ausländischer Tochtergesellschaften

Trotz der Eingeständigkeit der Tochtergesellschaft sollen die Interessen des Stammhauses auch vor Ort durchgesetzt werden. Daher wird es die Aufgabe des Entsandten sein, hierbei als Mittler und Koordinator für Planungs-, Berichts- und Kommunikationswege der Auslandsgesellschaft mit der Muttergesellschaft zu agieren.

3.2.1.3 Transfer der Unternehmensphilosophie

Mit Unternehmensphilosophie ist die Wertevorstellung des Konzerns als Ganzes gemeint. Aus ihr folgt die Verhaltensweise, die das Unternehmen gegenüber Mitarbeitern, Kunden und anderen zeigt. Es soll demnach versucht werden, vor Ort ein bestimmtes Bild des Unternehmens zu vermitteln, also ein Image aufzubauen. Hierbei ist es außerordentlich wichtig, dass sich die Mitarbeiter des Tochterunternehmens mit der Unternehmenskultur des Stammhauses identifizieren. Das hierdurch entstehende

Zusammengehörigkeitsgefühl fördert die Motivation und Leistungsfähigkeit.

3.2.1.4 Personalentwicklung

Im Rahmen der konzerninternen Personalentwicklung stellt die internationale Mitarbeiterentsendung einen wichtigen Baustein dar. Lokale Führungs- und Nachwuchskräfte können und sollen internationale Erfahrungen sammeln sowie ihre sozialen wie interkulturellen Kompetenzen schärfen.

Fachkräfte können über die Entsendung ihren fachlichen - und sozialen Horizont erweitern. Darüber hinaus sind die bei einem Auslandseinsatz erlernten Fremdsprachenkenntnisse für den weiteren Karriereverlauf im Konzern sicher förderlich.

Da nicht in allen Ländern ein gleichmäßiges Angebot an qualifizierten Fach- und Führungskräften herrscht, bietet sich die Mitarbeiterentsendung zur Besetzung von freien Stellen in den Auslandsgesellschaften an. Ob und inwieweit die Qualifikation des Mitarbeiters ausreicht, kann im Vorfeld nicht mit Gewissheit beurteilt werden. Auswahlkriterien helfen hier weiter. In einem der nachfolgenden Kapitel wird hierauf noch näher eingegangen.

3.2.2 Motive des Arbeitnehmers für eine Entsendung

Neben den Motiven des Arbeitgebers sind auch die Ziele zu beachten, die der Arbeitnehmer mit der Entsendung verbindet. Da die Praxis zeigt, dass in Deutschland oftmals nur wenige Mitarbeiter zu Auslandseinsätzen bereit sind, sollten diese Ziele entsprechend berücksichtigt werden, um die Motivation hierzu zu steigern.

Der Arbeitgeber sollte sich daher bereits im Vorfeld über die Ziele des zur Entsendung bereiten Mitarbeiters informieren, um eventuell überzogenen Vorstellungen entgegen wirken zu können. Bestehen hier zu große Erwartungen, führt dies häufig zur Demotivation des Mitarbeiters oder gar zu einem Scheitern des Auslandseinsatzes.

3.2.2.1 Verbesserung der beruflichen Aufstiegschancen

Der Hauptbeweggrund für Arbeitnehmer sich für eine Auslandsentsendung zu entscheiden, ist in der Regel die Erwartung auf verbesserte berufliche Aufstiegschancen. Dies wird von den Expats nicht nur auf die Karriereaussichten beim augenblicklichen Arbeitgeber, sondern allgemein auf die zukünftigen Berufschancen bezogen. Neue Erfahrungen und verbesserte Sprachkenntnisse lassen dies zumindest erwarten.

3.2.2.2 Mehrverantwortung und selbstständigeres Arbeiten im Gastland

Expats nehmen im Gastland häufig verantwortungsvollere Positionen ein, als sie sie bislang in ihrem Stammhaus innehatten und übernehmen dadurch oft mehr Verantwortung im Beruf. Der Hierarchieaufstieg an sich lässt darüber hinaus vielfach ein selbstständigeres Arbeiten zu. Zusätzlich lässt eine zunächst flache Hierarchie vor Ort oftmals eine teamorientiertere Arbeitsweise als im Stammhaus zu.

3.2.2.3 Höheres Entgelt

Mit einem Auslandseinsatz verbinden viele Arbeitnehmer auch ein höheres Entgelt als bisher. Angesichts eines eventuell höheren Grundgehalts durch eine bessere Position im Gastlandunternehmen sowie weiterer Auslandszulagen, ist diese Erwartung in der Regel auch berechtigt. Daneben werden Erfolgsbeteiligungen sowie Boni vielfach auch für Arbeitnehmer, die sich im Ausland aufhalten, gewährt.

3.3 Entsendungspolitik

Kommen in Unternehmen häufig Auslandsentsendungen vor, so ist es von Vorteil, eine einheitliche Entsendepolitik zu verfolgen. Viele Unternehmen erarbeiten daher *Entsenderichtlinien,* die häufig vorkommende Entsendevertragsinhalte behandeln.

Dies sind beispielsweise

- grundsätzliche Arbeitsbedingungen
- Heimaturlaub
- Regelungen zu Lohn-, Gehalts- sowie Zulagenfragen
- Aufwendungsersatz für Umzugskosten
- Schulkostenübernahmen für Kinder
- Entgeltfortzahlungsfragen
- Fragen bezüglich der Beendigung des Auslandseinsatzes
- Rückruf- bzw. Rückkehrklauseln
- Regelungen zur Kündigung während der Entsendungszeit
- Sozial- und Zusatzversicherungen
- betriebliche Altersversorgung etc.

Die Richtlinie regelt demnach alle wesentlichen Bereiche des Auslandseinsatzes und sorgt zugleich für eine einheitliche Vorgehensweise sowie Gleichbehandlung aller Expats.

3.4 Auswirkungen auf Personalplanung, -auswahl, -entwicklung

Nachdem die verschiedenen Strategien für eine Personalbesetzungspolitik erläutert und die verschiedenen Möglichkeiten in der Wahl der Form eines Auslandseinsatzes aufgezeigt wurden, sollen im Folgenden Aspekte und Einflüsse des internationalen Mitarbeitereinsatzes auf die Bereiche Personalplanung, die Personalauswahl sowie auf die Personalentwicklung dargestellt werden.

3.4.1 Personalplanung

Schaut man sich die Personalplanung im internationalen Kontext an, so ergeben sich hierbei im Vergleich zur nationalen Personalplanung zwar kaum Unterschiede, sie erreicht jedoch eine höhere Komplexität aufgrund der größeren Zahl und der stärkeren Differenziertheit der Planungsvariablen sowie einem gesteigerten Maß an Unsicherheit.

Die Personalplanung dient grundsätzlich dazu, den Bedarf und die Verfügbarkeit von Mitarbeitern in der nötigen Anzahl, zum richtigen Zeitpunkt und am richtigen Einsatzort festzustellen.

Gemäß § 92 Abs. 1 Betriebsverfassungsgesetz hat der Arbeitgeber den Betriebsrat über die Personalplanung, insbesondere über den gegenwärtigen und den künftigen Personalbedarf sowie über die sich daraus ergebenden personellen Maßnahmen der Berufsbildung anhand von Unterlagen rechtzeitig und umfassend zu unterrichten. Dem Betriebsrat steht hier in personellen Angelegenheiten ein umfassendes Unterrichtungsrecht zu.

Inwieweit und ob überhaupt das Betriebsverfassungsgesetz auch für den Expat gilt, wird noch im arbeitsrechtlichen Teil dieses Buches erläutert.

3.4.1.1 Personalbedarf

Ziel der Personalbedarfsermittlung ist es, nach Anzahl, Art, Zeitpunkt und Dauer sowie Einsatzort die für die gegenwärtige und zukünftige Leistungserstellung erforderlichen Mitarbeiter zu ermitteln. Hierbei ist grundsätzlich unter quantitativer - und qualitativer Personalbedarfsermittlung zu unterscheiden.

12 | Personalwirtschaftliche Aspekte

Der Personalverantwortliche hat die Aufgabe, nach Bestimmung der einzelnen Anforderungen an die jeweiligen Arbeitsplätze das Leistungsangebot der vorhandenen oder noch zu beschaffenden Mitarbeiter mit den Anforderungen des Arbeitsplatzes abzustimmen.

Da sich der Planungszeitraum nach Kriterien wie Arbeitsmarktlage und Qualifikation der in Frage kommenden Mitarbeiter richtet, sollte dieser möglichst großzügig gewählt werden. Zumindest ist ein Zeitraum zu planen, der für die Personalbeschaffung, -entwicklung und nicht zuletzt Personalbildung notwendig ist.

In Anlehnung an die so genannte *„Kienbaum Kompetenz-Pyramide"*, sollten die Personalverantwortlichen Punkte wie Organisations-, Stellen- und Stellenbesetzungsplan sowie Anforderungsprofile erarbeiten.

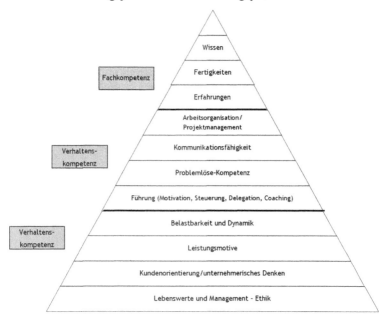

Quelle: Unternehmensberatung Kienbaum (Lorenz 2000); sog. Kienbaum-Kompetenz-Pyramide

3.4.1.2 Organisationsplan

Basis für den Organisationsplan bildet die Unternehmensstrategie bzw. mittelfristige strategische Planung des Konzerns. Er wird demnach nach den Vorgaben des Managements aufgestellt.

Der Organisationsplan umfasst regelmäßig nur die einzelnen Geschäftsbereiche einer Unternehmung. Er bildet damit die bestehende Aufbauorganisation als Ganzes ab.

3.4.1.3 Stellenplan

Der Stellenplan ist dezidierter als der Organisationsplan, da er sämtliche Stellen der betrieblichen Organisation darstellt. Werden nun noch die einzelnen Stellen mit den Namen des jeweiligen Mitarbeiters versehen, sprechen wir von einem Stellenbesetzungsplan.

Aus dem Vergleich zwischen dem „Soll" des Stellenplans und dem tatsächlichen „Ist" des Stellenbesetzungsplanes wird der *Personalbedarf* ersichtlich.

Da diese Organisations- und Stellenpläne lediglich verdeutlichen, welche Aufgaben in den einzelnen Abteilungen wahrgenommen werden und welcher quantitative Personalbedarf erforderlich ist, muss nun noch eine möglichst genaue Stellenbeschreibung folgen, um auch die qualitativen Aspekte herauszuarbeiten. Gerade diese Beschreibung ist für die Frage, ob für den Auslandseinsatz ein neuer Mitarbeiter anzuwerben ist oder ob bewährte Kräfte aus dem Personalstamm hierzu geeignet sind, entscheidend.

3.4.1.3.1 Stellenbeschreibung

Auch losgelöst von der Thematik „Auslandseinsatz" ist jeder neu einzurichtende Arbeitsplatz mit unterschiedlichen Anforderungen an den neuen Stelleninhaber behaftet. Anhand von Stellenbeschreibungen werden diese Anforderungen sowohl für das Unternehmen als auch für den zukünftigen Stelleninhaber transparent.

Die nachfolgenden wesentlichen Inhalte einer Stellenbeschreibung sollten sein:

- Stellenaufgaben/Sachaufgaben
- Stellenbezeichnung
- Stellenziele
- Kompetenz- bzw. Verantwortungsbereiche
- Vertretungsregelung
- organisatorische sowie auch sachliche Aufgabenbereiche
- allgemeine Anforderungen an den Stelleninhaber, z. B. Ausbildereignung, Sozialkompetenz etc.

Die Stellenbeschreibung bildet die Informationsgrundlage für die Personalauswahl. Sie ist damit die Basis für alle weiteren Entscheidungen.

3.4.2 Mehrstufige Personalauswahl

Die nachfolgende Abbildung zeigt den in der Literatur (z.B. bei Höreth/Vogel) idealtypischen Verlauf der Personalauswahl.

Zunächst ist die Zielsetzung des Arbeitgebers für den Auslandseinsatz (vgl. Kapitel 3.2.1 Entsendungsmotive) zu bestimmen und darauf aufbauend ein Anforderungsprofil für die zu besetzende Stelle zu erstellen. Dieses sollte Merkmale zur fachlichen und persönlichen Qualifikation enthalten.

Anschließend kann mittels interner - und externer Personalbeschaffungswege nach geeigneten Kandidaten gesucht werden. Die Vorteile einer internen Rekrutierung sind die geringeren stellenspezifischen Einarbeitungskosten (Transaktionskosten), die vorhandenen Kenntnisse der Mitarbeiter über unternehmensspezifische Sachverhalte sowie die verinnerlichte Unternehmensphilosophie.

Sind hingegen die erforderlichen Qualifikationspotentiale innerhalb des Unternehmens nicht oder nicht im erforderlichen Ausmaß vorhanden, so greift man auf die Rekrutierung von Arbeitskräften aus dem Arbeitsmarkt zurück.

Im Hinblick auf den Arbeitsmarkt können hierbei aber erhebliche Unterschiede zwischen nationalem und internationalem Arbeitsmarkt existieren. Um das relativ hohe Besetzungsrisiko bei der externen Rekrutierung von Führungskräften auszugleichen, sollte geprüft werden, ob dabei auch auf die Unterstützung durch externe Berater oder Personalvermittler zurückgegriffen werden kann.

Dem Schaubild weiter folgend, wird zunächst üblicherweise eine grobe Vorauswahl anhand der zur Verfügung stehenden Unterlagen durchgeführt.

Die Hauptauswahl der potentiellen Expats kann mittels verschiedener Auswahlverfahren durchgeführt werden. Dabei sollten Punkte wie, die Einstellung eines Ehe- oder Lebenspartners zu einer möglichen Entsendung, die gesundheitliche Eignung des Expats sowie seiner Familie Berücksichtigung finden.

Vor der endgültigen Entscheidung des Unternehmens ist ein Informationsbesuch im Gastland anzuraten. Abschließend werden die Einzelheiten des Aufenthaltes im Gastland mit Hilfe eines Entsendevertrages festgehalten.

	Mehrstufige Personalauswahl
1	Zielsetzung des Auslandseinsatzes
2	Erstellung des Anforderungsprofils
3	Suche nach Bewerbern
4	Vorauswahl anhand der Unterlagen
5	Hauptauswahl
6	Einbeziehung des Partners
7	Ärztliche Untersuchung
8	Informationsbesuch
9	Entscheidung
10	Entsendevertrag

Quelle: Höreth/Vogel, Global Employment: Rechtsratgeber für internationales Personalmanagement, 2001

Da die richtige Personalauswahl ein wesentlicher Faktor der erfolgreichen Entsendung ist, sollten die Stellenanforderungen genauestens analysiert werden, bevor die Vorauswahl (Schritt 4) der für die Entsendung in Frage kommenden Mitarbeiter getroffen wird.

3.4.2.1 Auswahlkriterien

Die im Ausland zu besetzende Stelle beinhaltet eine Vielzahl von Anforderungen an den Expat. Er muss neben fachlichen - sowie persönlichen Anforderungen, auch über soziale sowie interkulturelle Kompetenzen verfügen. In Abhängigkeit des Aufgabenspektrums und der Position, die der entsandte Mitarbeiter zukünftig bekleiden soll, sollte er darüber hinaus über entsprechende Sprachkenntnisse verfügen.

Neben Führungsfähigkeiten und Durchsetzungsvermögen, sollte er physisch und psychisch in der Lage sein, mit den neuen Aufgaben umgehen zu können.

Darüber hinaus spielt auch sein familiäres Umfeld eine beachtliche Rolle.

3.4.2.1.1 Fachliche Kompetenz

Ausschlaggebendes Kriterium für die Personalauswahl wird sicherlich die fachliche Kompetenz des Mitarbeiters sein. Der ausgewählte Expat sollte in der Tat über große fachliche Kompetenz verfügen, da er gerade in der Anfangszeit nicht die Zeit finden wird, sich fachlich fortzubilden. Diesbezügliche Mängel würden ihm daher die Anpassung im Gastland erschweren.

Neben dem speziellen Fachwissen muss der Expat in der Lage sein, die Gesamtzusammenhänge zu erkennen, um komplexere Probleme und Fragestellungen lösen zu können. Vor allem dann, wenn ein Know-how-Transfer und damit einhergehend die Absicht, die Unternehmensphilosophie auf die ausländische Tochtergesellschaft zu projizieren, das Ziel der Entsendung darstellt, reichen meist spezielle Kenntnisse in einem Fachgebiet allein nicht aus. Es ist erforderlich, dass der mögliche Expat den Aufbau und die Organisation des Unternehmens sowie die Unternehmensstrategie und -politik genauestens kennt.

Die Art der Ausbildung, der berufliche Werdegang, die aktuelle Stelle des potenziellen Expats und durchgeführte Personalbeurteilungen lassen auf die fachliche Kompetenz schließen.

3.4.2.1.2 Führungsfähigkeit

Die Fähigkeit Personal zu führen, beinhaltet Kompetenz in Integrations-, Motivations-, Kommunikations- und Kooperationsfähigkeit und mithin soziale Kompetenzen.

Der Entsandte wird im Gastland sicherlich nicht immer mit dem Führungsstil Erfolg haben, der im Heimatland einen reibungslosen Betriebsablauf garantierte. Wie auch in anderen Bereichen hat die nationale Kultur erheblichen Einfluss auf das Verhalten der Menschen und somit auch auf die Bereitschaft sich führen zu lassen. So kann zum Beispiel ein Manager in Deutschland mit einem autoritären Führungsstil große Erfolge haben, scheitert damit jedoch in Schweden, da dort allgemein ein kollegiales Verhältnis zwischen Vorgesetzten und Arbeitnehmern herrscht.

3.4.2.1.3 Kulturelle Anpassungsfähigkeit

Idealerweise verfügen die in Frage kommenden Expats bereits über eine ausgeprägte soziale und interkulturelle Kompetenz. Hinzu kommt die Bereitschaft, sich gezielt in diesem Bereich weiterzuentwickeln. Insbesondere die soziale Kompetenz, also die Fähigkeit im zwischenmenschlichen Bereich, ist ein entscheidender Faktor.

Der zur Entsendung ausgewählte Mitarbeiter sollte ausgeprägte Fähigkeiten im Bereich der Kommunikations-, Integrations-, Motivations- und Kooperationsfähigkeiten mitbringen. Darüber hinaus soll ihm ein gesundes Maß an Selbsteinschätzung und Toleranz eigen sein. Expats werden im

Ausland mit Aufgaben betraut, die einer Anpassung der Arbeits- und Lebensweise bedürfen.

Interkulturelle Kompetenz sollte als Verständnis und Akzeptanz anderer Kulturen verstanden werden. Sie setzt demnach die soziale Kompetenz voraus. Besitzen der Mitarbeiter und die ihn eventuell begleitenden Familienmitglieder nicht schon von Beginn an diese Fähigkeiten, sollte die Entsendung nur im Ausnahmefall durchgeführt werden. Die interkulturelle Kompetenz könnte beispielsweise durch Auslandspraktika und/oder Dienstreisen vor Beginn der Entsendung getestet werden.

3.4.2.1.4 Sprachkenntnisse

Die Beherrschung der Sprache des Gastlandes gilt als Teil der interkulturellen Kompetenz des Mitarbeiters. Während eine Entsendung in englischsprachige Länder heute meist kein Problem mehr darstellt, werden andere Gastlandsprachen nur selten erlernt.

Oft ist es für das Arbeitsleben im Gastland nicht zwingend erforderlich die jeweilige Landessprache sprechen zu können, da in international agierenden Unternehmen Englisch gesprochen wird. Ist dies nicht der Fall, sollte auf das Erlernen der Landessprache nicht verzichtet werden, da möglicherweise das Ziel der Entsendung nur schwer zu erreichen sein wird. Zudem wird es für den Entsandten leichter auf zwischenmenschlicher Ebene Beziehungen zu Kollegen und Vorgesetzten aufzubauen. Falls darüber hinaus der Expat einen häufigen Kontakt zu Kunden pflegen soll, werden sich diese Kenntnisse geschäftsfördernd auswirken können.

3.4.2.1.5 Familiäre Situation

Wie bereits im Vorfeld erwähnt, hat die Familie des Mitarbeiters einen großen Einfluss auf den Entsendungserfolg. Die Gefahr der vorzeitigen Heimkehr des Expats kann durch sein privates Umfeld verstärkt werden. Demnach ist es wichtig darauf zu achten, dass die den Expat begleitenden Familienmitglieder der Entsendung offen gegenüber stehen und ihn damit unterstützen. Sollte das nicht der Fall sein, so ist von einer Entsendung des Mitarbeiters abzuraten.

Das abschließende Schaubild zeigt die Wertigkeit einiger Schlüsselmerkmale, über die ein potenzieller Expat verfügen sollte:

Schlüsselmerkmale	Prozent*
Strategisches Bewusstsein	71 %
Anpassungsfähigkeit an neue Situation	67 %
Sensibilität für andere Kulturen	60 %
Internationale Teamfähigkeit	56 %
Sprachfähigkeiten	46 %
Verständnis von internationalem Marketing	46 %
Beziehungsfertigkeiten	40 %
Internationales Verhandlungsgeschick	38 %
Selbstbewusstsein	27 %
Hohe Aufgabenorientierung	19 %
Offene, nicht wertende Persönlichkeit	19 %
Verständnis für internationales Finanzmanagement	13 %
Bewusstsein des eigenen kulturellen Hintergrundes	2 %

* Prozentsatz der Befragten die einen Aspekt wichtig finden

Quelle: Schlüsselmerkmale für den internationalen Manager (Friedrich in Clermont/Schmeisser, a.a.O., 1997)

3.4.3 Internationale Personalentwicklung

Personalentwicklung kann als personalwirtschaftliche Maßnahme verstanden werden, die der Mitarbeitermotivation durch Information über berufliche Entwicklungschancen dienen soll. Den Stammhausmitarbeitern soll der Weg über Weiterbildung und gezielte Vermittlung von Erfahrungen sowie Zuweisung neuer Aufgaben aufgezeigt werden, an eine gehobene Position in einer ausländischen Niederlassung zu gelangen.

Neben den üblichen allgemeinen Weiterbildungsmaßnahmen, die auch für die übrigen Mitarbeiter ohne Auslandsambitionen gelten, müssen die potentiellen Expats z.B. durch Schulungen in die Lage versetzt werden, schnell mit dem auftretenden „Kulturschock" im Gastland fertig zu werden. Sie müssen befähigt sein, sein „altes" Führungsverhalten an die kulturelle Andersartigkeit der neuen Umgebung anzupassen. So genannte „Cross-Cultural-Trainings" verfolgen kognitive -, affektive - und verhaltensorientierte Lernziele, vermitteln kultur-allgemeine oder kulturspezifische Inhalte oder Methodenwissen.

4 Vorbereitung des Auslandseinsatzes

Eine umfassende Vorbereitung des Auslandseinsatzes ist ein wichtiger Meilenstein für das Gelingen der Entsendung eines Mitarbeiters. Das Unternehmen sollte daher genügend Zeit zwischen Personalauswahl und Entsendungsbeginn einkalkulieren, um sich selbst und den Expat sowie ihn eventuell begleitende Familienmitglieder vorzubereiten.

Personalwirtschaftlich sollten Aspekte, wie die persönliche Vorbereitung der Beteiligten (Schulungen etc.), Visa-Antragstellung bzw. Einreisegenehmigung, Organisation des Umzugs, eventuell Suche nach Schulen und Kindergärten für die Kinder des Mitarbeiters, Beschaffung einer Arbeitsstelle für den Partner des Expats etc. berücksichtigt werden.

4.1 Visa, Aufenthalts- und Arbeitserlaubnis, Behördengänge

Voraussetzungen für einen längeren Auslandsaufenthalt eines Mitarbeiters sind behördliche Genehmigungen bezüglich Einreise, Aufenthalt und Arbeitsaufnahme im Gastland. Da Genehmigungsverfahren für die Erteilung von Visa, Aufenthalts- und Arbeitserlaubnissen oftmals viel Zeit in Anspruch nehmen, sollten diese Dokumente frühzeitig beantragt werden. Aufgrund der zum Teil schwierigen Antragsformalitäten und den unterschiedlichen Visa – Arten, ist eine Unterstützung seitens des Unternehmens anzuraten.

Bei Entsendungen innerhalb der EU sind nur Grenzgänger (Arbeitnehmer die im Ausland arbeiten, aber mindestens einmal in der Woche in ihr Heimatland zurückkehren) von einer Aufenthaltserlaubnis befreit (§ 8 Aufenthaltsgesetz/EWG).

Trotz des Grundrechts der Freizügigkeit der Arbeitnehmer gem. Art. 39 EGV, das die Gleichbehandlung aller Angehörigen der EU auf den Arbeitsmärkten innerhalb der Gemeinschaft garantiert, besteht die Verpflichtung zum Besitz einer Aufenthaltsgenehmigung. Sie hat allerdings nur deklaratorische Wirkung.

Bei einem längeren Auslandsaufenthalt kommen aber noch weitere Aspekte hinzu, wie z.B.

- Behördliche Abmeldung im Heimatland/Anmeldung im Gastland
- Beantragung/Verlängerung von Reisepässen, internationalem Führerschein
- Ab- oder Ummeldung oder Verkauf von KFZ, Wohnung auflösen

- Versicherung informieren
- Postnachsendungen beantragen
- Bankangelegenheiten prüfen
- TV, Radio, Telefon an/abmelden...

Merke: Schnell sind diese trivial anmutenden Punkte in Vergessenheit geraten. Daher ist dem Unternehmen anzuraten, eine Checklisten zu erstellen.

4.2 Lebensgewohnheiten im Gastland

Der Expat sollte vor Beginn der Entsendung ein möglichst umfassendes Bild über das Gastland erhalten. Neben Informationen über die gesellschaftliche -, politische - und wirtschaftliche Situation sollten auch Aspekte wie Arbeitsbedingungen, Im- und Exportbestimmungen, medizinische Versorgung, Wohnsituation, Zahlungsmittel und nicht zuletzt auch Einkaufs- und Freizeitmöglichkeiten beleuchtet werden.

Durch das Unternehmen kann die landeskundliche Vorbereitung unterstützt werden, in dem es die Teilnahme an entsprechenden Seminaren fördert (Personalentwicklung). Des Weiteren können hier die jeweiligen Außenhandelskammern zu Rate gezogen werden.

Zu empfehlen ist darüber hinaus, dass der Expat einen Kurzbesuch („Look – and – See – Trip") im Gastland absolviert. Er hat hierdurch die Möglichkeit, das Unternehmen im Gastland, Kollegen und eventuell zukünftige Geschäftspartner bereits vor der Entsendung kennen zu lernen. Es bietet sich hierbei an, das persönliche Umfeld (Familie des Expats) mit einzubeziehen, um auch ihnen einen Eindruck über die Arbeits- und Lebensbedingungen zu gewähren. Die Kosten hierfür sollten vom Arbeitgeber getragen werden.

4.3 Interkulturelles Training

Jedes Land bzw. jede Region hat ihre eigene Kultur, die die Verhaltensweise der dort lebenden Menschen prägt. Dadurch sind selbst bei Nachbarstaaten, wie z.B. Deutschland und Frankreich, bereits große Unterschiede in der Mentalität existent.

Bei der zukünftigen Zusammenarbeit mit dort ansässigen Mitarbeitern kann es daher sehr schnell zu Missverständnissen kommen, welche möglicherweise den Erfolg eines Projektes gefährden. Daher muss der Expat über ein gewisses Maß an interkultureller Kompetenz verfügen. Die bereits erwähnten interkulturellen Trainings (Cross-Cultural-Trainings) sind hier sehr hilfreich.

4.4 Gesundheitliche Vorsorge

Die gesundheitliche Eignung des Mitarbeiters und dessen Familie ist eine Grundvoraussetzung für die Entsendung und sollte bereits im Rahmen der Personalauswahl beachtet worden sein.

Während der Vorbereitungszeit können und sollten noch in Deutschland Vorsorgeuntersuchungen durchgeführt und eventuell notwendige Impfungen vorgenommen werden. Je nach medizinischem Entwicklungsstand des Einsatzlandes empfiehlt es sich die Versorgung mit (Notfall-)Medikamenten zu gewährleisten.

4.5 Berufstätigkeit des begleitenden Partners

So genannte „dual career couples", d.h. Ehen oder Partnerschaften in denen beide Partner einem Beruf nachgehen, senken die Bereitschaft zu Auslandseinsätzen. Aber auch nicht karriereorientierte berufstätige Partner der Expats scheuen das Mitreisen, wenn sie keine Möglichkeit sehen, im Ausland einer Beschäftigung nachgehen zu können.

Möglicherweise wird dem begleitenden Partner auch nur eine Aufenthaltserlaubnis, nicht jedoch eine Arbeitserlaubnis im Gastland gewährt.

Des Weiteren kann es auf Grund der örtlichen Gegebenheiten (Nachfragemangel im Berufsbild oder Restriktionen des örtlichen Arbeitsmarktes gegenüber Ausländern) Schwierigkeiten bei der Stellensuche geben. Auch die Nichtanerkennung von Berufsabschlüssen im Ausland erschwert die Stellensuche. Die Probleme des Partners bei der Stellensuche im Entsendungsland führen häufig zu Ablehnung einer Entsendung. Eine Lösung stellt hier die Unterstützung des Arbeitgebers des Expats bei der Antragstellung auf Arbeitsgenehmigung und der Stellensuche des Partners des Entsandten dar.

4.6 Suche von Schulen und Kindergärten im Gastland

Sollten die Kinder des zu entsenden Mitarbeiters den Auslandseinsatz begleiten, ist die Unterstützung des Unternehmens bei der Suche nach einer geeigneten Schule oder einem Kindergarten im Gastland sinnvoll. Grundsätzlich stellt sich hier die Frage nach der Art der Bildungseinrichtung. Diese sollte von den deutschen Behörden anerkannt sein, um Probleme bei der Rückkehr der Kinder nach Deutschland zu vermeiden.

In Ballungszentren kann die Möglichkeit der Auswahl zwischen deutschen, internationalen oder lokalen Schulen bestehen. Deutsche oder internationale Schulen verfügen in den meisten Fällen dort auch über Kindergärten.

Da in kleineren Orten oftmals nur lokale Schulen und Kindergärten bestehen, sollte auch die Möglichkeit des Besuchs eines Internates in Deutschland in Erwägung gezogen werden.

In diesem Zusammenhang muss auch das Thema *Kosten* berücksichtigt werden. Im Ausland müssen für Schulen und Kindergärten meistens Gebühren entrichtet werden und auch Internate in Deutschland verlangen zumindest den Ersatz von Verpflegungs- und Übernachtungskosten. Zudem können weitere Kosten für Schuluniformen, Sprachunterricht, Reisen zu den Eltern etc. anfallen. Um dem Mitarbeiter hieraus keine Nachteile erwachsen zu lassen, werden diese Kosten vielfach vom Arbeitgeber getragen.

4.7 Versicherungsschutz im Ausland

In die Vorbereitung des Auslandseinsatzes sollte auch die Optimierung des Versicherungsschutzes des zur Entsendung bereitstehenden Mitarbeiters integriert werden. Dabei ist es von Vorteil, wenn Kenntnis über die Weitergeltung des Deutschen Sozialversicherungsrechts während der Entsendung besteht. Welche Voraussetzungen diesbezüglich erfüllt sein müssen, ist dem Kapitel Sozialversicherungsrecht zu entnehmen.

Aber selbst wenn die Versicherungspflicht in Deutschland weiterbesteht, sollte eine zusätzliche Auslandskrankenversicherung abgeschlossen werden. Regelmäßig führt eine Erkrankung des Mitarbeiters oder eines seiner mitversicherten Familienangehörigen im Ausland zu höheren Kostenbelastungen, als in Deutschland.

Denn bei Inanspruchnahme einer ärztlichen Behandlung im europäischen Ausland oder einem Drittland, mit dem Deutschland ein Sozialversicherungsabkommen abgeschlossen hat, werden die Behandlungskosten nur im Rahmen der örtlichen Bestimmungen von den deutschen Kassen übernommen. Dies kann bedeuten, dass der Versicherte hohe Selbstbeteiligungskosten zu tragen hat, die nicht durch die Krankenkassen oder den Arbeitgeber ersetzt werden müssen.

Hier gilt: Wird der Mitarbeiter in einen anderen Staat entsandt, ist der Arbeitgeber gemäß § 17 SGB V zur Gewährung von Leistungen der gesetzlichen Krankenversicherung bei Beschäftigung eines Arbeitnehmers im Ausland verpflichtet. Die deutsche Krankenversicherung erstattet jedoch lediglich die Kosten, die ihr bei einer Behandlung des Entsandten im Inland entstanden wären. Ist die Behandlung im Ausland teurer als im Inland, so hat der Arbeitgeber möglicherweise den Differenzbetrag zu tragen.

Bei Abschluss einer Auslandskrankenversicherung kann mittels der Beitragshöhe Einfluss darauf genommen werden, ob und in welcher Höhe Zuzahlungen bei ärztlichen Behandlungen geleistet werden müssen. In den meisten Fällen werden auch die Beiträge für eine Versicherungspolice ohne Zuzahlung deutlich geringer sein, als die oben geschilderten potenziell anfallenden Zuzahlungen des Expats oder Arbeitgebers.

Bei einer privaten Krankenversicherung des Arbeitnehmers sollte die Versicherung dahingehend überprüft werden, ob sie auch Schutz für das entsprechende Gastland bietet.

Unterstellt, das deutsche Sozialversicherungsrecht ist auch während der Entsendung anwendbar, so kommt auch die gesetzliche Unfallversicherung zum Tragen. Hierdurch werden somit Unfälle auf dem Weg von der Wohnung zur Arbeitsstätte und zurück, sowie Berufskrankheiten versicherungstechnisch abgedeckt. Denn: Leistungen kann der Träger der gesetzlichen Unfallversicherung gemäß § 97 SGB VII auch an Berechtigte mit gewöhnlichem Aufenthalt im Ausland erbringen.

Aber auch hier empfiehlt sich der Abschluss einer zusätzlichen privaten Unfallversicherung. Diese bietet dann Versicherungsschutz auch für Unfälle im außerberuflichen Bereich und gewährt im Falle der Berufsunfähigkeit oder des Todes Leistungen an den Versicherten bzw. seiner Angehörigen, da die Entsandten in einigen Staaten wesentlich höheren Risiken, aufgrund eines Unfalls oder einer Erkrankung berufsunfähig zu werden, unterliegen. Bei Unternehmen die häufig entsenden, bietet sich auch der Abschluss von Gruppenunfallversicherungen an. Dies reduziert Kosten und bietet ein breites Leistungsspektrum.

Verfügt der Expat bereits über eine private Unfallversicherung wäre zu prüfen, ob diese auch bei Unfällen im Ausland leistet. Möglich ist, dass die gesetzliche Unfallversicherung aufgrund gesetzlicher oder zwischenstaatlicher Bestimmungen nicht leistet. In diesem Fall unterliegt der Mitarbeiter meist der Pflichtversicherung eines ausländischen Sozialversicherungssystems. Hier kann es vorkommen, dass die ausländische Berufsgenossenschaft keine mit dem deutschen Recht vergleichbare Absicherung bietet.

Andere Versicherungen (Lebensversicherungen, Haftpflichtversicherungen etc.) sollten ebenfalls auf ihre Geltung im Ausland geprüft werden.

4.8 Organisation des Umzugs

Mit der Organisation des Umzugs sollte möglichst frühzeitig begonnen werden, um alle notwendigen Maßnahmen noch im Inland tätigen zu können. Denn die Klärung solcher Sachverhalte, z. B. Vertragsverhandlung mit der zu beauftragenden Spedition, aus dem Ausland heraus, gestaltet sich für den Mitarbeiter oft schwieriger, als gedacht. Zudem wird dem Mitarbeiter in der Anfangszeit schlicht die Zeit für diese „privaten" Dinge fehlen.

Neben der Regelung von Angelegenheiten bezüglich Möbel und Hausrat, sind unter Umständen auch noch Einfuhrbestimmungen für Haustiere (Impfungen, Quarantänevorschriften) zu beachten.

4.9 Wohnung im Heimatland

Regelungen bezüglich der Wohnung des Mitarbeiters im Heimatland sollten jeweils im Einzelfall betrachtet werden. Je nach Eigentumsverhältnissen besteht die Möglichkeit eventuell der Vermietung oder Verkauf von Eigentum oder der Kündigung / Untervermietung von angemieteten Wohnungen. Denkbar ist aber auch, dass ein Leerstand des Wohnsitzes während der Entsendungszeit, vorteilhaft ist. Somit hat der Entsandte nach Rückkehr aus dem Ausland, sein „gewohntes" Umfeld wieder zur Verfügung.

Die Entscheidung für eine der genannten Möglichkeiten sollte daher vor dem Hintergrund der Dauer des Aufenthaltes und dem persönlichen Bezug zur Wohnung gesehen werden. Soll die Wohnung nicht aufgegeben werden, so sollte einem Angehörigen oder dem Arbeitgeber eine Vollmacht zur Regelung aller im Zusammenhang mit dem Objekt stehenden Angelegenheiten (Mietzahlungen, Abrechnungen, Verwaltung) erteilt werden.

Ist die Mitnahme des Hausrats z.B. aus Kostengründen oder wegen der Unterbringung in einer kleineren oder möblierten Wohnung im Gastland nicht möglich oder gar nicht gewollt, so ist die Einlagerung des Hausrates zu organisieren.

4.10 Wohnung im Gastland

Zeitnah zur Auswahl des zu entsendenden Mitarbeiters sollte mit der Suche nach einer geeigneten Wohnung im Gastland begonnen werden. Da dies einige Zeit in Anspruch nehmen kann und nur selten Kenntnisse über lokales Mietrecht und Miethöhen bestehen, ist eine umgehende Recherche dringend anzuraten. Dabei sind Fragen, wie Größe, Lage und Ausstattung der Wohnung, aber auch Infrastrukturfragen im Umfeld der Wohnung, wie z. B. die Nähe zu sozialen Einrichtungen, zu klären. In einigen Ländern sind im Unterschied zu Deutschland möblierte Wohnungen oder Häuser der Regelfall.

Merke: In vielen Ländern, wie übrigens auch in Deutschland, kann die Wohnung sowie dessen Umfeld repräsentative Funktionen übernehmen, die bei der Auswahl möglicher Objekte ebenfalls nicht außer Acht gelassen werden sollte.

4.11 Kostenübernahme durch den Arbeitgeber

Im Entsendevertrag (vgl. dazu auch den arbeitsrechtlichen Teil dieses Buches) sollte die Frage der Kostenübernahme für die Übersiedlung des Mitarbeiters und mit ihr in Zusammenhang stehende weitere Kosten geklärt werden. Hierzu zählen Maklerkosten im In- und Ausland, die Übernahme der gesamten oder eines Teils der Mietkosten sowohl für die Wohnung im In- als auch im Ausland, Verwaltungskosten für Eigentum im Inland, Kautionen, Renovierungskosten etc..

5 Betreuung während des Auslandsaufenthalts

Ein Parameter für eine erfolgreiche Entsendung eines Mitarbeiters ist die Art und Güte der Betreuung des Mitarbeiters während seines Auslandsaufenthaltes. Spätestens nach Ankunft im Einsatzland kommt es zu verschiedenen Herausforderungen und Belastungen, die auf den Mitarbeiter einwirken:

- Eingewöhnung ins neue berufliche Umfeld
- Neuorientierung und Aufbau eines sozialen Umfeldes
- Lösung von organisatorischen Aufgabenstellungen (beruflich und auch privat)
- Bewältigung von familiären und persönlichen Problemen aufgrund der Stresssituationen bei der Eingewöhnung im Gastland
- Sprachliche Defizite sowohl beim Mitarbeiter als auch bei den Familienangehörigen etc.

Trotz intensiver Betreuungsmaßnahmen im Vorfeld der Entsendung ist der Entsandte den kulturellen Einflüssen des anderen Landes und der unter Umständen gegenüber dem Stammhaus unterschiedlichen Unternehmenskultur vor Ort ausgesetzt. Daher ist zu überlegen, dem Mitarbeiter einen Betreuer zur Seite zu stellen, damit er sich auf seine unternehmerischen Aufgaben konzentrieren kann und sich zudem „wohlfühlt". Hierzu bieten sich so genannte „*Mentoren*", beispielsweise aus dem Human Ressources Bereich des Stammhauses und des Gastunternehmens an, die für schnelle und optimale Startbedingungen im neuen Umfeld sorgen können.

5.1 Kontakt zum Heimatunternehmen

Die Aufrechterhaltung des Kontakts zur Heimatgesellschaft stellt eine weitere wichtige Ergänzung der Betreuung während des Auslandsaufenthalts dar. Kontaktperson ist hierbei sehr häufig ein Vorgesetzter im Stammhaus, der sich bereits ab der Phase vor Antritt des Auslandsaufenthalts bis zur Rückkehr des Expats in die Heimatgesellschaft um diesen kümmert. Folgende Instrumente sind hierbei von Bedeutung:

- Fortschreibung des Inlandgehalts (Schattengehalt)
- Laufbahnplanung
- Bestimmung und Weitergabe von Informationen zur Entwicklung im Heimatunternehmen und im Heimatland
- Finanzielle Unterstützung von Heimaturlauben.

Da Entsandte nach Beendigung des internationalen Einsatzes im Regelfall eine Wiedereingliederung in die Heimatgesellschaft anstreben, sollten Expats über eine vertraglich zugesicherte Weiterbeschäftigungsgarantie verfügen. Der Wert dieser Zusage wird von den Mitarbeitern häufig nur als sehr gering eingeschätzt, da meist nicht genau spezifiziert wird, an welchen Standort oder an welche Position er zurückkehren wird.

Die nachfolgende Grafik soll jedoch veranschaulichen, welchen Stellenwert der Zusage des Beschäftigungsverhältnisses nach der Rückkehr beizumessen ist. Demnach beklagen rund zwei Drittel der Entsandten Mitarbeiter Karriere- bzw. Rückkehrprobleme, wobei nahezu jeder Vierte diese Probleme als schwerwiegend bis demoralisierend empfindet. Punkte wie das Fehlen einer langfristigen Laufbahnplanung, die Ungewissheit der Rückkehrposition oder frustrierende Erlebnisse bei der Suche nach einer Anschlussposition sind hierbei in erster Linie zu nennen. Die fehlende Unterstützung seitens des Stammhauses wird häufig von Führungskräften bemängelt.

Problemklasse	Problemhäufigkeit bei Entsandten (n=116)			
	insgesamt	tolerierbar	ernsthaft	schwerwiegend
Karriere/Rückkehr z.B. Ungewissheit über Rückkehrposition, Zukunftsangst	65%	19%	22%	24%
Stammhausbeziehungen z.B. mangelnde Autonomie, fehlende Unterstützung	60%	24%	19%	16%
Personal/Führung z.B. abweichende Führungsstilpräferenzen, Illoyalität	48%	10%	22%	16%
Sprache/Kommunikation z.B. Verständigungsbarrieren, Orientierungsprobleme	47%	14%	22%	16%
Gastlandkontakte z.B. fehlende Kontakte, unbefriedigende Beziehungen	44%	22%	17%	4%
Arbeitszeit/-menge z.B. lange Arbeitszeiten, Termindruck, Geschäftsreisen	43%	19%	17%	7%

Rollenkonflikte z.B. Interessenkonflikte, Misstrauen lokaler Mitarbeiter	39%	10%	20%	9%
Anpassung des (Ehe-) Partners z.B. fehlende Sozialkontakte, Mangel an Beschäftigung	38%	10%	10%	19%
Lebensqualität z.B. geringes Freizeitangebot, Überfüllung, Kriminalität	35%	14%	15%	7%
Arbeitsinhalte/-abläufe z.B. neue Aufgaben, ungewohnte Entscheidungsprozesse	29%	11%	17%	1%
Geschäftspraktiken z.B. abweichender Verhandlungsstil, anderer Zeithorizont	23%	12%	6%	5%
Recht/Bürokratie z.B. Rechtsunsicherheit, Gerichtsprozesse, „Bürokratie"	20%	10%	5%	5%
Eingewöhnung z.B. erfolglose Haussuche, Heimweh, „Kulturschock"	20%	8%	6%	6%
Anpassung der Kinder z.B. Schwierigkeiten in der Schule, sprachliche Defizite	19%	10%	7%	3%
Betreuungsdefizite z.B. Lücken im Entsendungsvertrag, fehlende Betreuung	17%	5%	5%	7%

Quelle: Art, Häufigkeit und Schweregrad der Probleme von entsandten deutschen Führungskräfte (Stahl, Günter; Internationales Personalmanagement; Mering 2005; a. a. O., S. 298).

6 Wiedereingliederung des entsandten Mitarbeiters

In diesem Kapitel soll die Wiedereingliederung des entsandten Mitarbeiters sowie die Rückkehr des Entsandten ins Stammhaus dargestellt werden. Man bezeichnet die Wiedereingliederung auch als Repatriierung oder Reintegration. Unter diesem Terminus versteht man den Prozess, den ein in das Ausland entsandter und in das Stammhaus zurückkehrender Mitarbeiter durchläuft.

Neben den beruflichen Aspekten, ist aber auch die private Reintegration von Relevanz. Werden die Wiedereingliederungsmaßnahmen nicht oder nicht hinreichend bestimmt, so hat dies häufig gravierende Folgen für den Mitarbeiter. Sie reichen von Statusverlust, über den Verlust von sozialen Kontakten, bis hin zu einem Motivationsrückgang, zum Beispiel durch eine ausbleibende Beförderung oder fehlende Anerkennung.

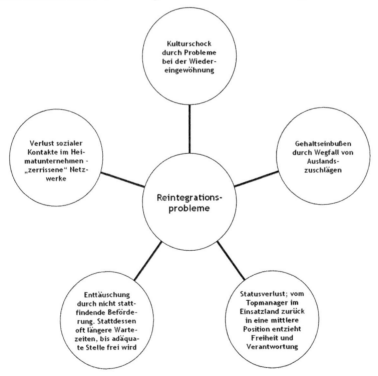

Quelle: Maurer „Rückkehr-Probleme"; Personaleinsatz im Ausland, München, 2003

Welche Wiedereingliederungsmaßnahmen zu ergreifen sind und wie intensiv diese durchgeführt werden müssen, ist stark von dem jeweiligen Mitarbeiter abhängig. Mit zunehmender Dauer des Auslandsaufenthalts erhöht sich die Anpassung an das neue Umfeld und damit einhergehend die Entfremdung von der gewohnten Umgebung. Kommt noch ein hoher Grad an kultureller Divergenz zwischen dem Heimatland und dem Einsatzland hinzu, so sind die späteren Reintegrationsmaßnahmen dementsprechend auszudehnen.

Auch die Häufigkeit von Auslandseinsätzen, das Lebensalter, die Betreuungsaktivitäten während des Auslandsaufenthalts wie insbesondere die Einbindung in eine verbindliche Karriereplanung haben großen Einfluss auf die Intensität der erforderlichen Wiedereingliederungsmaßnahmen.

6.1 Private Wiedereingliederung

Wie zu Beginn der Entsendung, fallen auch bei der Rückkehr wieder organisatorische Dinge an, um deren Regelung sich der Arbeitgeber frühzeitig kümmern sollte. Punkte, wie Renovierung und Übergabe der Wohnung, Behördengänge, die Organisation des Rücktransports von eventuell mitgenommenen Möbeln und Hausrat, Abmeldung von Schulen, Kindergärten, Vereinen, Versicherungsfragen etc. seien nur beispielhaft erwähnt. Eine Finanzierung der genannten Maßnahmen bietet sich aus personalpolitischen Gründen an, da die Bereitschaft anderer Mitarbeiter zu einem Auslandseinsatz durch eine derartige Betreuung gesteigert werden kann, wenn sie von der guten Unterstützung dieses Expats durch das Stammhaus erfahren.

Neben den materialistischen Dingen müssen die Entsandten in erster Linie auch „psychisch" wieder im Heimatland ankommen. Während der Entsendung erfahren sie aufgrund des Einflusses der Kultur des Gastlandes eine persönliche Veränderung. Kollegen, Freunde und Familienmitglieder im Heimatland verändern sich durch gesellschaftspolitische sowie Wirtschaftliche Veränderungen ebenfalls. Selbst im Stammhaus sind während der Abwesenheit eventuell personelle und organisatorische Änderungen eingetreten. Alle Beteiligten müssen sich demnach dieser neuen Umstände erst bewusst werden und benötigen Zeit, um sich neu anzupassen.

Hier zahlt sich der eingesetzte Mentor aus, der dem Expat während der Entsendung Informationen über alle entscheidenden Vorgänge im Heimatunternehmen zukommen lässt. Schon bei relativ kurzen Entsendungen von ein bis zwei Jahren kann eine derartige Maßnahme einen „zweiten Kulturschock" mindern. Bei längeren Auslandseinsätzen (ab zwei Jahren) sind Mentoren unbedingt erforderlich.

Hilfreich bei der privaten Reintegration können regelmäßige Heimreisen sein, die vom Arbeitgeber ganz oder zum Teil finanziert werden. Hier könnten die Entsandten Kontakte zu Familie und Freunden pflegen und sich bereits vor ihrer Rückkehr persönlich über eventuelle Veränderungen in der Heimat informieren. Zusätzlich erleichtern derartige Besuche die Wiederherstellung eines sozialen Umfelds im Heimatland nach der Rückkehr.

6.2 Betriebliche Wiedereingliederung

Die Planung der betrieblichen Wiedereingliederung des Mitarbeiters sollte möglichst früh, wenn mögliche sogar schon mit der Personalauswahl beginnen. Viele Rückkehrer beklagen sich darüber, dass sie ihre im Ausland erworbenen Kenntnisse nach der Rückkehr nicht nutzen können und bei der Reintegration vom Unternehmen nicht genug unterstützt werden. Dies führt zu Motivationsverlusten, Abwanderungsgedanken und Widerwillen zu einem erneuten Einsatz im Ausland.

Es ist daher ratsam, bereits zu Beginn der Entsendung ein Personalentwicklungsgespräch zu führen. Hierin sollten den Mitarbeitern realistische Entwicklungsmöglichkeiten durch die Entsendung dargelegt werden, um zu große Erwartungen zu vermeiden.

Während der Entsendung ist der Kontakt zum deutschen Unternehmen sehr wichtig. Hierdurch gerät der Expat während seiner Abwesenheit nicht in Vergessenheit. Er kommt nicht „plötzlich" zurück, sondern ist regelmäßig präsent.

Wird ein Mentoren- oder Patensystem angewendet, liegt es im Aufgabenbereich des inländischen Mentors, den Rückkehrzeitpunkt im Auge zu behalten, für eine Berücksichtigung des Expats bei Stellenbesetzungen im Stammhaus zu sorgen und ihn über freie Stellen zu informieren. Ist absehbar, dass eine den Fähigkeiten des Expats entsprechende Stelle kurz vor oder kurz nach dem offiziellen Ende der Entsendung frei wird, sollte eine entsprechende Verkürzung oder Verlängerung des Auslandseinsatzes geprüft werden.

Bei der Suche nach einer Position im inländischen Unternehmen sollten auch die im Ausland erworbenen Fähigkeiten und persönlichen Wünsche des Mitarbeiters in Betracht gezogen werden. Hilfreich können auch regelmäßig stattfindende Mitarbeiterbeurteilungsgespräche sein, die die

Entwicklung des Mitarbeiters und seine eventuelle Einsatzmöglichkeit im Stammhaus aufzeigen können.

In Entsendeverträgen können so genannte „Reentry-Klauseln" vereinbart werden, die dem Mitarbeiter eine Wiederbeschäftigung im Stammhaus unter gleichen oder ähnlichen Bedingungen garantieren. Die Vereinbarung solcher Klauseln fördert insgesamt die Bereitschaft zu Auslandseinsätzen. Die Mitarbeiter laufen nicht Gefahr, bei Rückkehr eine schlechtere Position einnehmen zu müssen oder ihren Arbeitsplatz im Heimatland ganz zu verlieren.

Die Suche nach einer für den Expat geeigneten Stelle sollte jedoch nicht die einzige Maßnahme zur betrieblichen Reintegration des Mitarbeiters im Heimatland bleiben. Dieser ist auch auf personelle sowie organisatorische Veränderungen im Unternehmen vorzubereiten. Ihm sollte eine ausreichende Einarbeitungszeit und Weiterbildungsmöglichkeit gewährt werden.

Darüber hinaus sind auch die zukünftig neuen inländischen Kollegen auf die Rückkehr des Expats vorzubereiten, da sie Rückkehr oft als problematisch erleben. Expats erlernen im Ausland neue Arbeitsweisen und Kenntnisse, die sie nun an „neuer" Wirkungsstätte anwenden wollen. Dies führt häufig zu Ablehnung bei den inländischen Kollegen, die zum Teil in Neid und Desinteresse an den Auslandserfahrungen ihres Kollegen begründet sind. Derartige Problemstellungen sollten daher den inländischen Kollegen mitgeteilt werden, sodass diese Verständnis für eventuell auftretende Probleme entwickeln können.

Arbeitsrechtlicher Teil

7 Entsendung und Arbeitsrecht

Neben den zuvor bereits erwähnten personalwirtschaftlichen Maßnahmen der Entsendung, müssen auch alle arbeitsrechtlichen Aspekte geklärt werden. Hierzu gehört auch die Gestaltung des Entsendevertrages. Werden Entsendungen häufiger durchgeführt, so empfiehlt es sich, *Entsenderichtlinien* für das Unternehmen zu gestalten. Liegen solche vor, muss der Entsendevertrag lediglich auf die Richtlinie Bezug nehmen.

Im Folgenden wird auf die wichtigsten Regelungsbereiche und ihre rechtliche Begründung eingegangen. Ebenfalls Bestandteil der folgenden Ausführung sind Fragen hinsichtlich der Anwendbarkeit Betriebsverfassungs- und Tarifrechts sowie Besonderheiten bei Entsendungen innerhalb Europas.

7.1 Arbeitsrechtliche Voraussetzungen der Entsendung

Um eine Auslandsentsendung arbeitsrechtlich zu ermöglichen, bedarf es zum einen der vertraglichen Grundlage im Arbeitsvertrag oder einer entsprechenden Zusatzvereinbarung sowie zum anderen der Zustimmung des Arbeitnehmers zu einem Auslandseinsatz.

Grundsätzlich gilt zwar gemäß §106 GewO:

„Der Arbeitgeber kann Inhalt, Ort und Zeit der Arbeitsleistung nach billigem Ermessen näher bestimmen, soweit diese Arbeitsbedingungen nicht durch den Arbeitsvertrag, Bestimmungen einer Betriebsvereinbarung, eines anwendbaren Tarifvertrages oder gesetzliche Vorschriften festgelegt sind."

Dennoch hat der Arbeitgeber sein Weisungsrecht, auch wenn die Versetzung des Arbeitnehmers im Arbeitsvertrag geregelt ist, nach billigem Ermessen auszuüben. Eine solche Leistungsbestimmung entspricht billigem Ermessen, wenn die wesentlichen Umstände des Falls abgewogen und die beiderseitigen Interessen angemessen berücksichtigt sind. Ob dies im Zweifel der Fall ist, obliegt der gerichtlichen Kontrolle (§ 315 Abs. 3 S. 2 BGB).

Lässt sich dies nicht herleiten, so ist das Weisungsrecht bereits erschöpft. Es ist demnach grundsätzlich fraglich, ob das Direktionsrecht des Arbeitgebers allein für die Entsendung ausreicht. Zu empfehlen ist daher die Aufnahme von *Versetzungsklauseln* in Arbeitsverträge oder in entsprechenden Zusatzvereinbarungen. Hierdurch erhält der Arbeitgeber mehr Flexibilität, den Mitarbeiter an verschiedenen Einsatzorten einsetzten zu dürfen.

Viele Unternehmen definieren daher in Arbeitsverträgen den Ort der Arbeitserbringung oftmals nicht genau oder behalten sich damit den Einsatz des Arbeitnehmers an einem nach seiner Qualifikation und dem betrieblichen Bedarf orientierten Arbeitsplatz vor.

In Konzernen wird ein Versetzungsvorbehalt sogar oft ausdrücklich auf Tochtergesellschaften im In- und Ausland ausgedehnt.

Beispielsweise könnte die Formulierung lauten:

„Der Arbeitgeber ist berechtigt, den Arbeitnehmer vorübergehend auch in ein anderes verbundenes Unternehmen innerhalb Deutschlands/EU abzuordnen.

Ort der Tätigkeit ist ohne Versetzungsvorbehalt der Betrieb, für den der Arbeitnehmer eingestellt wird. Innerhalb dieses Betriebes kann der Arbeitgeber den Arbeitnehmer nach billigem Ermessen an jeder beliebigen Stelle einsetzen."

Gegen eine solche Vereinbarung bestehen grundsätzlich keine Bedenken, sofern es dabei zu keinem Arbeitgeberwechsel kommt (so genannte Konzernversetzungsklausel). Diese Klausel würde einem unzulässigen Verzicht auf den Kündigungsschutz im Voraus gleichkommen und wäre allein schon dadurch unzulässig.

Merke: Je mehr es zum Berufsbild des Mitarbeiters gehört, in einem andern Teil der Welt zu arbeiten (leitende Mitarbeiter, Kaufleute und Techniker im Außendienst, Monteure etc.) und je gehobener die Tätigkeit ist, desto weiter geht das Recht des Arbeitgebers auf Versetzung des Mitarbeiters. Dennoch sollte die Zustimmung des Arbeitnehmers zu einem Auslandseinsatz schriftlich vorliegen, um für Rechtssicherheit zu sorgen.

7.2 Arten des Entsendevertrages

Da Mitarbeiter aus verschiedenen Situationen heraus ins Ausland entsandt werden, existieren auch unterschiedlichste Formen der Vertragsgestaltung, auf die im Folgenden näher eingegangen wird.

7.2.1 Entsendevertrag als Einstellungsvertrag

Gelegentlich werden aus Mangel an qualifizierten Fachkräften im Stammhaus Mitarbeiter nur zu dem Zweck eingestellt, vakante Stellen im Ausland zu besetzen. In einer solchen Situation ist es zwar grundsätzlich auch denkbar, dass der Arbeitsvertrag zwischen dem Mitarbeiter und dem ausländischen Unternehmen direkt geschlossen wird. Soll der Mitarbeiter aber im deutschen Sozialversicherungssystem verbleiben, so ist der Arbeitsvertrag mit dem deutschen Arbeitgeber zu schließen. Da es sich dann um eine Neuanstellung in Deutschland handelt, wird also ein Entsendevertrag in Form eines Einstellungsvertrages geschlossen. Vorteilhaft bei dieser Vertragsgestaltung ist es, dass lediglich ein Vertrag existiert, der die Rechtsgrundlage des gesamten Arbeitsverhältnisses bildet.

7.2.2 Kündigung/Aufhebungsvertrag und Entsendevertrag als Neueinstellung

Die Vorteile des Entsendungsvertrages als Einstellungsvertrag können auch bei bestehenden Beschäftigungsverhältnissen zur Anwendung kommen. Hierzu müsste das bestehende Beschäftigungsverhältnis zwischen Arbeitgeber und potenziellem Expat einseitig gekündigt oder durch einen einvernehmlichen Aufhebungsvertrag beendet werden. Ein gleichzeitig abgeschlossener Entsendevertrag ersetzt den bisherig bestehenden Arbeitsvertrag.

Diese Form der Vertragsgestaltung könnte für den Arbeitnehmer nach Beendigung der Entsendungszeit problematisch werden, da das Arbeitsverhältnis in der alten Form nicht mehr besteht. Zur Absicherung des Mitarbeiters ist bei der Gestaltung des Entsendevertrages daher auf Fragen bezüglich der Rückkehr in die Heimatgesellschaft sowie das Thema „Anrechnung der Betriebszugehörigkeitszeit" in besonderer Weise einzugehen. Ansonsten hätten diese Mitarbeiter bei einer eventuellen Kündigung einen nicht zu unterschätzenden Nachteil gegenüber ihren Kollegen, die nicht entsandt wurden.

Merke: Wird das Arbeitsverhältnis mittels Kündigung von der Arbeitgeberseite beendet, so ist, falls ein Betriebsrat existiert, dieser zunächst zu hören. Darüber hinaus sind die Kündigungsfristen zu beachten. Ferner der besondere Kündigungsschutz für spezielle Arbeitnehmergruppen. Daher ist der Aufhebungsvertrag zu empfehlen.

7.2.3 Ruhender Arbeitsvertrag und Entsendevertrag als Zusatzvereinbarung

Eine weitere Vertragsgestaltungsmöglichkeit im Zusammenhang mit einer Auslandsentsendung ist, das Arbeitsverhältnis mit der Heimatgesellschaft für die Dauer der Entsendung „ruhend" zu stellen. Dabei werden die vertraglichen Hauptpflichten beider Vertragsparteien aus dem Arbeitsverhältnis außer Kraft gesetzt und durch den Entsendevertrag ersetzt. Nach Ende der Entsendung tritt der ursprüngliche Arbeitsvertrag wieder in Kraft und der Entsendevertrag verliert seine Wirkung.

Im Unterschied zur vorher beschriebenen Möglichkeit ist diese Form des Entsendevertrages für den Arbeitnehmer die rechtlich sicherere Variante. Der Arbeitsvertrag ruht lediglich während der Entsendungszeit und lebt danach zu den alten Bedingungen wieder auf.

Für den Arbeitgeber kann sich dieser Vorteil des Arbeitnehmers dagegen zum Nachteil entwickeln. Er ist dazu verpflichtet im Falle der Rückkehr, dem Mitarbeiter wieder eine mindestens gleichwertige Position anzubieten. Falls er keine gleichwertige Positionen anbieten kann oder in dieser Zeit der Entsendung frei wird, wird es für den Arbeitgeber problematisch. Daher sollte die Stelle des entsandten Mitarbeiters im Heimatunternehmen nur befristet besetzt werden. Hier bietet sich die Befristung mit sachlicher Begründung an.

7.2.4 Arbeitsvertrag und Entsendevertrag als Ergänzungsvertrag

Eine für den Arbeitnehmer ähnlich gute Vertragsgestaltung ist die Ergänzung des Arbeitsvertrages im Heimatland um Bestimmungen zur Entsendung in einem Ergänzungsvertrag. In diesem werden nur die Entsendung betreffende Inhalte zusätzlich vereinbart. Es können Vertragsbestandteile des Arbeitsvertrages außer Kraft gesetzt oder an die Entsendung angepasst werden, wenn diese nicht der Entsendung dienlich sind.

Die Vorteile des Arbeitnehmers bzw. die Nachteile des Arbeitgebers liegen auch hier im Anspruch auf Weiterbeschäftigung zu gleichen Arbeitsbedingungen bei Rückkehr aus dem Ausland. Zusätzlich ist es für den Arbeitnehmer ein Vorteil, dass er grundsätzlich nach den nationalen Sozialversicherungsvorschriften pflichtversichert bleibt.

7.2.5 Neuer Einstellungsvertrag mit ausländischer Gesellschaft

Wird ein Einstellungsvertrag direkt mit der ausländischen Gesellschaft abgeschlossen, so handelt es sich um eine Versetzung und nicht um eine Entsendung. Hierbei handelt der Arbeitnehmer den Vertrag ausschließlich mit dem zukünftigen ausländischen Arbeitgeber aus. War der Arbeitnehmer zuvor im Stammhaus beschäftigt, wird das Arbeitsverhältnis mit der Heimatgesellschaft entweder durch Kündigung, Aufhebungsvereinbarung oder Ruhendstellung beendet bzw. ausgesetzt. Im Falle der Versetzung ins Ausland ist eine Mitgliedschaft im deutschen Sozialversicherungssystem nicht länger möglich.

Da sich dieses Praxishandbuch mit der Entsendung von Mitarbeitern beschäftigt, wird im Folgenden davon ausgegangen, dass der Arbeits- und/oder Entsendevertrag mit dem inländischen Stammhaus des Mitarbeiters abgeschlossen wurde. Auf die arbeits-, steuer- und sozialversicherungsrechtlichen Aspekte der Versetzung wird hier nicht eingegangen.

8 Entsenderichtlinien

In Kapitel 3.3 wurde auf die grundsätzliche personalwirtschaftliche Bedeutung von Entsenderichtlinien eingegangen. An dieser Stelle sollen die verschiedenen Gestaltungsmöglichkeiten und deren rechtliche Einordnung dargestellt werden. Da der Inhalt sich im Wesentlichen mit dem von Entsendeverträgen deckt, folgen diesbezüglich keine detaillierten Ausführungen und es wird auf Kapitel 9 verwiesen.

8.1 Rechtliche Bedeutung von Entsenderichtlinien

Sofern die Entsenderichtlinien als Kollektiv-Regelungen ausgestaltet sind, z. B. in Tarifverträgen oder Betriebsvereinbarungen, unterliegen sie dem Recht des Staates, unter dessen Rechtsordnung die Regelungen abgeschlossen worden sind. Im Fall von Tarifverträgen ist es das Recht des Staates, dem die den Tarifvertrag abschließenden Parteien angehören. Folgt das Recht hingegen dem Sitz des Betriebes, dem das auf Arbeitnehmerseite angehörige Organ (Betriebsrat, Gesamtbetriebsrat, Konzernbetriebsrat) angehört, beziehen sich die Normierungen auf das Betriebsverfassungsrecht.

Handelt es sich bei den Entsenderichtlinien um einseitig auferlegte und veränderbare Regelungen von Unternehmen oder Konzernen, so folgt ihre rechtliche Bewertung jeweils im Rahmen des Rechts des Vertrages, auf dem die Richtlinie kraft Verweisung für anwendbar erklärt worden ist. Wenn der Arbeitsvertrag selbst dem deutschen Arbeitsstatut unterliegt, dann ist die Entsenderichtlinie auch an den Maßstäben des deutschen Arbeitsrechtes zu orientieren. Sofern im Anstellungsvertrag auf externe Regelwerke verwiesen wird, z. B. auf Gesetze, Verordnungen oder Tarifverträge, die Teil einer anderen Rechtsordnung sind, so gilt für die kollisionsrechtliche Bewertung das Arbeitsstatut, d. h. sie werden so bewertet, als seien sie selbst Teil des Anstellungsvertrages.

8.2 Entsenderichtlinien in kollektivrechtlicher Form

Im Gegensatz zu den einseitig auferlegten Richtlinien durch die Unternehmensführung vereinbart der Arbeitgeber Entsenderichtlinien in kollektivrechtlicher Form mit einer Gewerkschaft (bei Tarifverträgen ist der Verhandlungspartner ein Arbeitgeberverband, Ausnahme: Haustarifverträge) oder einem Betriebsrat.

8.3 Entsenderichtlinien in Form von Tarifverträgen

In der Praxis ist es eher selten, dass Entsenderichtlinien in Form von Tarifverträgen ausgehandelt werden. Die Prüfung nach der inhaltlichen Wirksamkeit des Tarifvertrages folgt dem jeweiligen Tarifvertragsrecht. In Deutschland entsprechend Artikel 9 Abs. 3 GG und den Normen des TVG.

Nach herrschender Meinung steht den Tarifvertragsparteien ein weiter Regelungsspielraum zu. Bei der Anwendbarkeit deutschen Rechts kommt jedem Tarifvertrag eine „Richtigkeitsgewähr" zu, die voraussetzt, dass die vertragliche Einigung frei vonstatten gegangen ist. Diese Richtigkeitsgewähr schließt auch zugleich eine Tarifzensur durch den Staat aus, da dies dem Grundgedanken der Tarifautonomie widerspräche. Eine mögliche und stattfindende gerichtliche Kontrolle, die einem eingeschränkten Prüfungsmaßstab unterliegt, der den Entscheidungsspielraum und die so genannte *Einschätzungsprärogative* der Tarifvertragsparteien zu achten hat, bleibt davon aber unberührt. Grundsätzlich lässt sich aber festhalten, dass Vieles für die Wirksamkeit einer Richtlinie in Form von Tarifverträgen spricht.

8.4 Entsenderichtlinien in Form von Betriebsvereinbarungen

Bei einer Betriebsvereinbarung handelt es sich um einen Vertrag zwischen Arbeitgeber und Betriebsrat, der aber nicht nur Rechte und Pflichten der Betriebsparteien begründet, sondern auch die Ausgestaltung von Vereinbarungen betrifft, die für alle Arbeitnehmer eines Betriebes gelten. Diesen Vereinbarungen stehen ähnlich große Spielräume zu, was die Ausgestaltung betrifft, wie dies bei den Tarifverträgen der Fall ist.

Gegenüber den einseitig auferlegten Entsenderichtlinien haben die Betriebsvereinbarungen den Nachteil, dass sie nur mit Zustimmung des Betriebsrates abänderbar sind. Jedoch können sie gemäß § 77 V BetrVG einseitig mit einer Frist von drei Monaten gekündigt werden. Nach Ablauf einer Betriebsvereinbarung gelten ihre Regelungen in Angelegenheiten, in denen ein Spruch der Einigungsstelle die Einigung zwischen Arbeitgeber und Betriebsrat ersetzen kann, so lange weiter, bis sie durch eine andere Abmachung ersetzt werden (§ 77 VI BetrVG). Werden Richtlinien bezüglich der Mitarbeiterentsendung in einer Betriebsvereinbarung geregelt, so sind folgende Probleme vorstellbar:

Sofern die Betriebsvereinbarung lediglich ein externes Regelwerk in Form eines Tarifvertrages ganz oder zum Teil übernimmt, ist dies nicht zulässig, da die Betriebsvereinbarung für alle Arbeitnehmer (mit Ausnahme der leitenden Angestellten im Sinne von § 5 III BetrVG) unmittelbar und zwingend gilt. Tarifverträge hingegen besitzen nur Gültigkeit für gewerkschaftlich organisierte Arbeitnehmer, wenn der Arbeitgeber entsprechend tarifgebunden ist, die Geltung im Arbeitsvertrag ausdrücklich vereinbart oder im Falle einer allgemeinen Verbindlichkeitserklärung zur Anwendung kommt.

Ein weiteres Problem wird relevant, wenn der Arbeitsvertrag bestimmte Rechte und Pflichten regelt, die zusätzlich auch in einer Betriebsvereinbarung verankert werden sollen und zwar in einer Form, die für den Arbeitgeber günstiger ist. Zudem nur für die Geltungsdauer der Betriebsvereinbarung.

Derartige Eingriffe in den Arbeitsvertrag zu Lasten der Arbeitnehmer durch eine Betriebsvereinbarung sind nur möglich, wenn solche Betriebsvereinbarungen offen gestaltet werden.

Beispiel: *„Im Übrigen gilt hinsichtlich der Entsendebedingungen die Betriebsvereinbarung vom 20.01.2010 in ihrer jeweils geltenden Fassung."*

8.5 Einseitig auferlegte Entsenderichtlinien

Einseitig definierte Entsenderichtlinien können als arbeitsvertragliche Einzelregelungen, durch so genannte dynamische Verweisungsklauseln einbezogen werden. *Dynamisch* bedeutet in diesem Zusammenhang, eine Verweisung auf die Entsenderichtlinie in der jeweils gültigen Fassung. Hierdurch können nachträglich Änderungen vorgenommen werden, die auf den Arbeitsvertrag durchschlagen.

Die Einbeziehung ist jedoch nur wirksam, wenn sie dem Transparenzgebot genügt.

Nach § 307 BGB sind vom Arbeitgeber vorformulierte Arbeitsvertragsklauseln unwirksam, wenn sie den Arbeitnehmer entgegen den Geboten von Treu und Glauben unangemessen benachteiligen. Die Unwirksamkeit kann sich daraus ergeben, dass eine Klausel entgegen dem in dieser Vorschrift verankerten Transparenzgebot nicht klar und verständlich ist, wenn beispielsweise der Mitarbeiter nicht erkennen kann, auf welche Richtlinie nun verwiesen wird. Erst durch die ausdrückliche oder konkludente Integrierung in den einzelnen Arbeitsvertrag entfaltet sie ihre rechtliche Wirksamkeit.

Die autonom bestimmten Entsenderichtlinien werden an den Maßstäben der Arbeitsvertragsprüfung rechtlich zu bewerten sein. Die jeweilige Formulierung, die der Arbeitgeber aufgrund seines Direktionsrechts gestalten kann, wird dabei wieder einer Billigkeitsprüfung gemäß § 315 Abs. 3 BGB standhalten müssen.

Merke: Änderungen der Entsenderichtlinie, die eventuell nach dem Betriebsverfassungsgesetz mitbestimmungspflichtig sind, sollten zuvor mit dem Betriebsrat besprochen werden.

9 Inhalt des Entsendevertrages

Existiert eine anzuwendende Entsenderichtlinie, kann im Entsendevertrag auf diese verwiesen werden. Je nach Ausführlichkeit der Richtlinie kann sie sogar vollständig als Entsendevertrag angewendet werden. In der Regel wird aber im Entsendevertrag auf eine existierende Richtlinie verwiesen und ggf. durch weitere Regelungen ergänzt. Nachfolgend sollen die wesentlichen Inhalte dargestellt werden.

9.1 Zwingende Inhalte nach dem Nachweisgesetz

Das Nachweisgesetz ist die deutsche Übersetzung der EU-Nachweisrichtlinie (91/533/EWG) vom 14.10.1991. Es regelt unter anderem die Pflicht zur schriftlichen Vereinbarung bestimmter Arbeitsvertragsinhalte. Das bedeutet beispielsweise, dass bei einer Entsendedauer von mehr als einem Monat der Arbeitgeber neben den wesentlichen Vertragsbedingungen, wie z.B. Arbeitsort, Arbeitsentgelt, Kündigungsfristen, laut Nachweisgesetz zusätzlich die Dauer der Auslandstätigkeit, die Währung, in der das Arbeitsentgelt ausgezahlt wird, zusätzliche Entgeltleistungen sowie die Bedingungen für die Rückkehr des Arbeitnehmers schriftlich fixieren muss.

9.2 Dauer der Auslandstätigkeit

Das Nachweisgesetz sieht in § 2 Abs. 2 Nr. 1 vor, dass die Niederschrift der Vertragsbedingungen zusätzlich die Dauer einer Auslandstätigkeit enthalten muss. Daher ist Beginn und Ende der Entsendung möglichst genau zu bestimmen.

Eine Entsendung beginnt in der Regel mit dem Datum der Ausreise aus dem Heimatland oder der Arbeitsaufnahme im Gastland. Beendet wird sie entweder durch Zeitablauf oder Erreichung eines bestimmten Zieles, wobei dieses so genau wie möglich definiert werden sollte.

Diese Festlegung ist aber nicht nur wichtig, um der Verpflichtung aus dieser Vorschrift zu genügen. Sie ist auch aus sozialversicherungsrechtlichen - und personalwirtschaftlichen Gründen anzuraten.

Über den Regelungsbereich dieser Vorschrift hinaus, kann auch eine Vereinbarung zur Verlängerung der Entsendung getroffen werden. Dies vereinfacht vertraglich eine Ausdehnung des Auslandseinsatzes. Eine derartige Vereinbarung ändert aber nichts daran, dass die Dauer des Auslandseinsatzes zunächst festgelegt ist.

Merke: Möglich ist auch, dass sich der Beginn der Entsendung aufgrund von vielen formellen Voraussetzungen zur Einreise oder Arbeitsaufnahme verzögert. Aus diesem Grund sollten Absprachen bezüglich der Verantwortung für die Beschaffung notwendiger Dokumente zwischen Arbeitgeber und Arbeitnehmer getroffen werden, die auch die Gefahrtragung für Verzögerung der Arbeitsaufnahme enthalten.

9.3 Arbeitsentgelt (Währung /Auszahlung)

Nach dem Nachweisgesetz muss im schriftlichen Arbeitsvertrag die Währung, in der das Arbeitsentgelt ausgezahlt wird, angegeben sein.

Grundsätzlich wird das deutsche Stammhaus das Entgelt für den entsandten Mitarbeiter auszahlen. Die Zahlung erfolgt demzufolge üblicherweise in Euro auf das deutsche Konto des Expats. Die Kosten für den dann notwendig werdenden Geldtransfer in das Gastland könnten durch einen eventuell zu vereinbarenden „Kaufkraftausgleich" (Cost of Living Allowance) abgegolten werden.

Bezüglich der Gefahrtragung für starke Wechselkursschwankungen wären aber zusätzliche Regelungen zu treffen. Es ist auch denkbar, dass das Gehalt des entsandten Mitarbeiters zum Teil durch die Auslandsgesellschaft in Landeswährung ausgezahlt wird. Die sich möglicherweise ergebende Differenz zwischen der vereinbarten (inklusive Zulagen, Sonderzahlungen etc.) und der von der Auslandsgesellschaft gezahlten Vergütung, wird dann als so genannte *Expatriation Allowance* (Auslandszulage) vom Stammhaus ausgezahlt.

Aus sozialversicherungs- und unternehmenssteuerrechtlichen Gründen sollte der Teil der Vergütung, der von der Auslandsgesellschaft ausgezahlt wird, vom Stammhaus erstattet werden. Erfolgt die Auszahlung des vollständigen Gehalts durch die Auslandsgesellschaft, so hat nachfolgend eine Kostenerstattung durch das Stammhaus zu erfolgen.

Entscheidend ist aber, dass eine eindeutige Vereinbarung zwischen den Vertragsparteien getroffen wurde, in welcher Währung und auf welches Konto Gehalt und Zulagen gezahlt werden.

9.4 Zusätzliche Vergütungsbestandteile

Angaben in Bezug auf ein zusätzlich mit dem Auslandsaufenthalt verbundenes Arbeitsentgelt und damit verbundene zusätzliche Sachleistungen muss die Niederschrift der Vertragsbedingungen bei Auslandstätigkeit ebenfalls zwingend enthalten. Aus dem Entsendevertrag sollte daher hervorgehen, nach welchem Vergütungsmodell das Grundgehalt des Mitarbeiters gezahlt wird. Auf dieser Basis aufsetzend werden dann in der Regel zusätzliche Vergütungsbestandteile, wie z. B. die Mobilitäts- (*Foreign Service Premium*) oder Erschwerniszulagen (*Hardship Allowance*), vereinbart.

Festzuhalten bleibt, dass alle zusätzlichen Sach- und Finanzleistungen im Entsendevertrag möglichst exakt geregelt und eindeutig auf die Entsendedauer beschränkt werden.

9.5 Rückkehrbedingungen

Die vereinbarten Bedingungen für die Rückkehr des Arbeitnehmers sollten ebenfalls Vertragsbestandteil sein. Hierzu gehören Fragen bezüglich der Weiterbeschäftigung des Entsandten im Stammhaus, aber auch Regelungen bezüglich der Kostenübernahme für die Rückkehr. Üblicherweise wird die Weiterbeschäftigung nach der Rückkehr ins Stammhaus garantiert. Fehlt eine solche Absprache, so kann der Arbeitgeber dem Arbeitnehmer bei Beendigung des Auslandseinsatzes betriebsbedingt kündigen, falls zu dem Zeitpunkt der Rückkehr kein Arbeitsplatz im Unternehmen frei ist.

Rückkehr-Garantien können in unterschiedlichen Arten erfolgen. Vielfach wird aus personalwirtschaftlichen Gründen eine Weiterbeschäftigung des Mitarbeiters zu den „alten" Bedingungen garantiert. Dies ermöglicht der Personalplanung des Stammhauses einen gewissen Handlungsspielraum, da gerade bei langfristiger Entsendung der genaue Personalbedarf bei Rückkehr des Mitarbeiters nicht bekannt ist.

Merke: Bei einer vorzeitigen Rückkehr des Mitarbeiters aus dem Ausland sind Personalplanung und somit auch eine bestmögliche Reintegration im Stammhaus schwierig. Für den Fall, dass der Entsandte den Auslandseinsatz abbricht, ohne dass schwerwiegende Gründe (z. B. private Gründe) vorliegen, kann eine Vereinbarung über Einschränkung oder gar Rücknahme der Weiterbeschäftigungsgarantie getroffen werden.

Auch Regelungen hinsichtlich der Vergütung nach der Rückkehr können im Entsendevertrag getroffen werden. Hierbei sind Anpassungen an die neue Position, die Orientierung am Gehalt vor der Entsendung unter Berücksichtigung der allgemeinen Vergütungsentwicklung oder die Orientierung am Gehalt während der Entsendung denkbar.

9.6 Weitere Vertragsbestandteile des Entsendevertrages

Zusätzlich zu den oben genannten Vertragsbestandteilen und den in normalen Arbeitsverträgen ohne Auslandsbezug üblichen Vereinbarungen, können und sollten bei Auslandsentsendungen weitere Regelungen bezüglich des Arbeitsverhältnisses getroffen werden. Einige werden nachfolgend erläutert, wobei die üblichen Normen wie Wettbewerbsverbot, Schriftformerfordernis, salvatorische Klausel etc. außen vor bleiben.

9.7 Verantwortungsbereich

Die Funktion des Arbeitnehmers in der ausländischen Gesellschaft kann von der im Stammhaus abweichen. Aus diesem Grund und um schon im Entsendevertrag die Kompetenzen und den Verantwortungsbereich gegenüber der Auslandsgesellschaft und dem Stammhaus klar zu definieren, empfiehlt sich die möglichst genaue Beschreibung des Aufgabenbereiches des Mitarbeiters im Ausland. Aus der Aufgabenbeschreibung sollten für den Fall der Anwendbarkeit des Betriebsverfassungsgesetzes möglichst auch Personalverantwortung, Weisungsverhältnis und Vollmachten hervorgehen.

Merke: Gemäß § 5 Abs. 3 BetrVG findet dieses Gesetz keine Anwendung auf leitende Angestellte, was sich unter anderem auf die Anhörung bei Kündigung und Wahlberechtigung zur Betriebswahl während des Auslandseinsatzes auswirken kann.

9.8 Wahlmöglichkeit des Arbeitsvertragsstatuts

Entscheidet ein Unternehmen einen Mitarbeiter ins Ausland zu entsenden, sollte eine Regelung bezüglich der Rechtsordnung, die auf den Arbeitsvertrag anzuwenden ist, getroffen werden. Die Rechtswahl hat bedeutende Auswirkungen auf das Arbeitsverhältnis. Seit Inkrafttreten der Verordnung EG Nr. 593/2008 gilt für solche schuldrechtlichen Verträge, die ab dem 17.12.2009 geschlossen wurden, die sog. *Rom I-VO*. Sie trat damit in allen EU-Staaten (Ausnahme Dänemark) in Kraft und löste dort das EVÜ ab, welches in Deutschland durch die gleichzeitig aufgehobenen Art. 27-37 EGBGB umgesetzt war. Irland, das Vereinigte Königreich Großbritannien und Nordirland haben von ihrer Möglichkeit Gebrauch gemacht, sich an der Rom-I-VO zu beteiligen.

Der Fokus der nachfolgenden Betrachtung liegt auf den Bestimmungen des deutschen Rechts. Im Einzelfall sind zwingende ausländische Bestimmungen in die Beurteilung mit einzubeziehen.

Durch den Grundsatz der freien Rechtswahl können die Parteien wählen, welches Recht auf den Arbeitsvertrag anwendbar sein soll (Art. 3 i. V. m. Art. 8 Rom I-VO). Die Rechtswahl muss ausdrücklich erfolgen oder sich aus den Umständen des Einzelfalls oder eindeutig aus den Bestimmungen des Vertrages ergeben.

Bezüglich der Form einer Rechtswahl existieren keine weiteren Erfordernisse. Eine stillschweigende Vereinbarung reicht zwar zu einer gültigen Rechtswahl aus, jedoch ist aus Beweiszwecken die schriftliche Rechtswahl im Entsendevertrag mittels Rechtswahlklausel anzuraten.

Eine Rechtswahl kann den gesamten oder nur einen Teil des Vertrages betreffen. Sind nur Teile des Vertrages von der Rechtswahl betroffen, sollten diese im Entsendevertrag exakt bezeichnet werden.

Die Parteien können jederzeit eine andere Rechtsordnung wählen. Dies kann weder die Formgültigkeit des Vertrages, noch Rechte Dritter berühren. Auch eine nachträgliche Rechtswahl für den gesamten Arbeitsvertrag ist bis zur letzten mündlichen Verhandlung eines gerichtlichen Verfahrens möglich. Hierbei ist es auch denkbar, das Recht eines Landes zu wählen, das weder mit der Rechtsordnung des Gastlandes, noch mit dem Recht des Staates, in dem das Unternehmen seinen Sitz hat, Berührungspunkte aufweist. Es ist daher beispielsweise auch möglich, die Rechtsordnung des Staates zu wählen, die den Vertragspartnern am Besten bekannt ist. Dadurch lassen sich eventuelle Risiken besser einschätzen.

Dennoch gibt es auch bei der Rechtswahl Grenzen. Nach Art. 8 Absatz 1 Rom I-VO kann dem Arbeitnehmer durch eine Rechtswahl nicht der Schutz entzogen werden, der ihm durch zwingende Bestimmungen des Rechts, das ohne Rechtswahl anzuwenden wäre, zusteht. Als zwingende Bestimmung in diesem Zusammenhang sind in erster Linie die deutschen Arbeitsschutzvorschriften sowie tarifrechtliche Bestimmungen zu sehen. Im Zweifelsfall muss ein Vergleich zwischen den betreffenden Vorschriften der verschiedenen Rechtsordnungen zeigen, ob der Arbeitnehmer durch die Rechtswahl schlechter gestellt ist (*Günstigkeitsprinzip*).

Mithin kann es auch sein, dass das ausländische öffentliche Recht dazu führt, dass das deutsche Recht begrenzt wird. So kann z. B. das Aufenthalts-, Arbeitserlaubnis-, Steuer-, Sozialversicherungs- und Feiertagsrecht in einzelnen Ländern nicht durch die Rechtswahl eines anderen Rechts ausgeschlossen werden. Die Außenhandelskammern sind hier geeignete Ansprechpartner, um solche Frage im Vorfeld zu klären.

9.9 Rechtswahl bei Arbeitsverträgen

Ist keine eindeutige Rechtswahl getroffen worden, ist das auf das Arbeitsverhältnis anzuwendende Recht zu ermitteln. Dies ergibt sich aus Art. 8 Absatz 2 Rom I-VO.

Soweit dies der Fall ist, unterliegt der Arbeitsvertrag dem Recht des Staates, in dem oder andernfalls von dem aus der Arbeitnehmer in Erfüllung des Vertrags gewöhnlich seine Arbeit verrichtet. Der Staat, in dem die Arbeit gewöhnlich verrichtet wird, wechselt nicht, wenn der Arbeitnehmer seiner Arbeit vorübergehend in einem anderen Staat nachgeht. Eine Legaldefinition des Begriffs *„vorübergehend"* gibt die Verordnung allerdings nicht her. Wichtig ist aber, dass sich Anfang und Ende der Entsendung entweder durch einen festen Zeitraum oder durch genaue Beschreibung der zu erfüllenden Aufgaben zeitlich bestimmen lassen. Auch längere Entsendungen (mehr als 7 Jahre) fallen unter den Regelungsbereich dieser Vorschrift. Alternativ ist gemäß Abs. 3 das Recht des Staates anzuwenden, in dem die Niederlassung gelegen ist, bei der der Entsandte tätig ist.

Sollte der Arbeitsvertrag oder das Arbeitsverhältnis eine engere Verbindung zu einem anderen Staat aufweisen, als zu einem in den Absätzen 2 oder 3 des Art. 8 Rom I-VO bezeichneten Staaten, so ist gemäß Art. 8 Absatz 4 Rom I-VO das Recht dieses Staates anzuwenden. Anknüpfungsmomente sind hier die Staatsangehörigkeit der Parteien, die Vertragssprache, der Ort des Vertragsschlusses, die Währung des Arbeitsentgeltes, der Wohnsitz der Parteien etc.

Nach Art. 12 Abs. 2 Rom I-VO ist bezüglich der Art und Weise der Vertragserfüllung und für die vom Gläubiger im Fall einer mangelhaften Erfüllung zu treffenden Maßnahmen das Recht des Landes anzuwenden, in dem die Erfüllung erfolgt. Hierzu zählen Regelungen bezüglich der Arbeitsleistung an Feiertagen oder Untersuchungs-, Rügepflichten und Aufbewahrungsfristen.

Neben der Bestimmung der Haupt- und Nebenpflichten der Vertragsparteien ist das Arbeitsvertragsstatut auch dafür maßgeblich, ob der Vertrag und seine Bestimmungen wirksam zustande gekommen sind.

Hierzu zählt zu allererst auch die Form des Arbeitsvertrages. Die Regelung des Art. 11 Abs. 1 Rom I-VO ist hier eindeutig:

„Ein Vertrag, der zwischen Personen geschlossen wird, die oder deren Vertreter sich zum Zeitpunkt des Vertragsschlusses in demselben Staat befinden, ist formgültig, wenn er die Formerfordernisse des auf ihn nach dieser Verordnung anzuwendenden materiellen Rechts oder die Formerfordernisse des Rechts des Staates, in dem er geschlossen wird, erfüllt."

Bezogen auf einseitige Erklärungen, wie z. B. Kündigungen, gilt Abs. 3 und somit das Recht, *„das nach dieser Verordnung auf den Vertrag anzuwenden ist oder anzuwenden wäre, oder die Formerfordernisse des Rechts des Staates erfüllt, in dem dieses Rechtsgeschäft vorgenommen worden ist oder in dem die Person, die das Rechtsgeschäft vorgenommen hat, zu diesem Zeitpunkt ihren gewöhnlichen Aufenthalt hatte. "*.

9.10 Arbeitsschutzrecht

Unterliegt der Arbeitsvertrag aufgrund der Rechtswahl oder dem objektiven Arbeitsvertrags-Statut deutschem Recht, gehört die Einhaltung des deutschen Arbeitsschutzrechts zu den Nebenpflichten des Arbeitgebers. Die hierzu zählenden Bestimmungen haben öffentlich rechtlichen Charakter. Ihre Einhaltung wird von staatlichen Einrichtungen (Gewerbeaufsichtsamt, Berufsgenossenschaften, Integrationsamt oder Ordnungsamt) überwacht.

Ein Verstoß gegen derartige Bestimmungen kann eine Ordnungswidrigkeit oder gar eine Straftat (z. B. §§ 25/26 ArbSchG, §§ 58/59 JArbSchG) darstellen.

Im Interesse der Arbeitnehmer und der Öffentlichkeit hat der Arbeitgeber die Pflicht, unter anderem für einen Gefahrenschutz seiner Arbeitnehmer zu sorgen und z. B. Mütter, Jugendliche oder Schwerbehinderte besonders zu schützen. Daher sind diese Vorschriften auch nicht dispositiv. Sie stellen somit zwingende Schutzbestimmungen des deutschen Rechts in Sachen des Art. 9 Rom I-VO dar. Ihre Anwendung kann nicht im Rahmen der Privatautonomie durch Rechtswahl ausgeschlossen werden, es sei denn, dem Arbeitnehmer kommt durch die entsprechende Rechtswahl ein weitergehender Schutz zugute.

Wird ein Arbeitnehmer innerhalb Europas entsandt, ist darüber hinaus die *Europäische Entsenderichtlinie* (Richtlinie 96/71 EG) auf das Arbeitsverhältnis anzuwenden. Durch diese Richtlinie wird dem innerhalb der EU entsandten Arbeitnehmer garantiert, dass Arbeits- und Beschäftigungsbedingungen des Entsendungslandes auch auf ihn anzuwenden sind.

Gemäß Art. 3 Abs. 1 dieser Vorschrift müssen die Mitgliedsstaaten „*Mindestarbeitsbedingungen*" festlegen. Hierzu gehören Bestimmungen bezüglich der Sicherheit, Gesundheit und Hygiene am Arbeitsplatz (*technischer Arbeitsschutz*). Darüber hinausgehende Vereinbarungen sind durchaus zulässig.

Dies gilt grundsätzlich jedoch nur bei Entsendungen. Wird ein Arbeitsverhältnis mit der ausländischen Tochtergesellschaft eingegangen und ist deutsches Recht auch nicht durch Rechtswahl auf das Arbeitsverhältnis anzuwenden, so ist insgesamt das Recht des jeweiligen Staates anzuwenden.

9.11 Arbeitszeit

Im Entsendevertrag sollte eine Regelung bezüglich der während des Auslandseinsatzes geltenden Bestimmungen zur Arbeitszeit enthalten sein. Haben die Parteien nichts Abweichendes vereinbart, finden die Arbeitszeitbestimmungen des Gastlandes auf das Arbeitsverhältnis Anwendung. Hierzu zählen auch Regelungen bezüglich der Feiertagsarbeit.

Da der Zweck des Arbeitszeitgesetzes (ArbZG) in der Gewährleistung von Sicherheit und Gesundheit der Arbeitnehmer liegt, ist es als Arbeitsschutznorm anzusehen. Demzufolge können die Vorschriften des Arbeitszeitgesetzes, die dem genannten Zweck dienen, nicht durch Rechtswahl ausgeschlossen werden, wenn dem Arbeitnehmer dadurch der Schutz des Gesetzes entzogen wird. Das deutsche Recht bleibt folglich anwendbar, wenn das gewählte ausländische Recht dem Arbeitnehmer nicht mindestens den gleichen Schutz gewährt.

Zugunsten des Arbeitnehmers kann selbstverständlich im Entsendevertrag von den gesetzlichen Vorschriften abgewichen werden. Die Lage der Arbeitszeit wird sich nach dem Recht des Staates richten, in dem der Mitarbeiter seine Arbeitsleistung erbringt.

Ein weiterer Zweck des Arbeitszeitgesetzes in Deutschland liegt im Schutz der Arbeitsruhe an Sonn- und Feiertagen. Soweit solche Bestimmungen jedoch Arbeitsverhältnisse betreffen, die im Ausland erfüllt werden, finden sie keine Anwendung. Demnach sind sie keine zwingend anwendbare Arbeitsschutzvorschriften. Vielmehr fällt die Feiertagsregelung ebenfalls unter Art. 12 Absatz 2 Rom I-VO, wonach für die Art und Weise der Erfüllung das Recht des Staates zum Tragen kommt, in dem die Arbeitsleistung tatsächlich erbracht wird. Dies kann durchaus dazu führen, dass der Arbeitnehmer z. B. in einem islamischen Land am Freitag einen arbeitsfreien Tag hat, dafür aber am Sonntag arbeiten muss. Auch christliche Feiertage wie Ostern oder Weihnachten können nicht generell als arbeitsfreie Tage angesehen werden. Grundsätzlich denkbar ist es jedoch, im Entsendevertrag die in Deutschland üblichen Feiertage und den Sonntag als arbeitsfreie Tage zu vereinbaren. Dies kann jedoch zu organisatorischen Problemen und Neid unter den ausländischen Kollegen führen.

Merke: Werden im Inland für Arbeitsleistungen an Sonn- und Feiertagen Zuschläge gezahlt, so können diese wegfallen, wenn diese Tage im entsprechenden Gastland normale Arbeitstage darstellen. Wird hingegen an örtlich arbeitsfreien Tagen gearbeitet, so wäre an die Zahlung derartiger Zuschläge zu denken. Auch hier muss eine entsprechende Regelung gefasst werden.

9.12 Urlaubsanspruch

Wird keine spezielle Regelung bezüglich des Urlaubsanspruchs getroffen, richtet sich der gesetzliche Anspruch nach dem Arbeitsvertragsstatut, demnach nach dem auf das Vertragsverhältnis anzuwendende Recht.

Ob das Bundesurlaubsgesetz (BUrlG) als zwingende Bestimmung des deutschen Rechts gemäß Art. 9 Rom I-VO anzusehen und demnach nicht durch eine Rechtswahl in seiner Anwendung auszuschließen ist, ist umstritten. Somit wäre im Falle der Wahl eines ausländischen Rechts, das auf den Vertrag zur Anwendung kommen soll, sicherheitshalber eine Günstigkeitsprüfung durchzuführen. Steht dem Arbeitnehmer nach dem gewählten ausländischen Recht mehr Urlaub zu, so sollte er ihm auch gewährt werden.

Merke: Der Anspruch auf Bildungs- oder Erziehungsurlaub sowie der Anspruch bestimmter Arbeitnehmergruppen, wie Jugendliche oder Schwerbehinderte, auf zusätzliche Urlaubstage ist unabhängig vom Vertragsstatut. Hier ist auf den Anwendungsbereich der entsprechenden Spezialgesetze abzustellen.

Individualvertraglich kann unzweifelhaft ein längerer Urlaubsanspruch vereinbart werden. Üblicherweise wird der Anspruch aus dem deutschen Arbeitsvertrag in den Entsendevertrag übernommen.

Bei längeren Entsendungen (ab ca. 12 Monaten) wird in der Praxis grundsätzlich Zusatzurlaub für Heimreisen gewährt. Dieser sollte der Pflege von privaten und beruflichen Kontakten im Heimatland dienen. Denkbar wären auch vom Arbeitgeber finanzierte Heimreisen, um so beispielsweise dienstliche Besprechungen im Stammhaus durchführen zu können.

9.13 Anwendbarkeit des deutschen Kündigungsschutzgesetzes

Grundsätzlich ist bei Entsendungen von Mitarbeitern aus Deutschland deutsches Kündigungsrecht anzuwenden, wenn keine anderweitige Rechtswahl getroffen wurde. Ob eine Umgehung der zuweilen strengen deutschen Kündigungsschutzvorschrift durch die Rechtswahl erfolgen kann, ist umstritten. Die Rechtsprechung sieht in den allgemeinen Vorschriften des deutschen Kündigungsschutzes §§1-14 KSchG und § 613a BGB keine zwingenden Arbeitnehmerschutzvorschriften, jedoch beispielsweise bei den §§ 17 ff KSchG bezüglich Massenentlassungen schon. Im Zweifel wäre auch hier eine Günstigkeitsprüfung zu empfehlen.

Hinsichtlich des besonderen Kündigungsschutzes bestimmter Arbeitnehmergruppen ist nach dem Sinn der Vorschrift zur differenzieren. Da z. B. der Kündigungsschutz von Schwerbehinderten und werdenden Müttern im Wesentlichen einen Interessenausgleich zwischen den Parteien darstellt, stellen diese Vorschriften zwingende Arbeitnehmerschutzvorschriften dar. Ihre Anwendbarkeit folgt grundsätzlich dem Arbeitsvertragsstatut.

Zu beachten bleibt, dass der Geltungsbereich des Kündigungsschutzgesetzes auf inländische Betriebe beschränkt bleibt. Der Schwellenwert (§ 23 KSchG) zur Anwendbarkeit des ersten Abschnitts des Kündigungsschutzgesetzes bezieht sich demnach grundsätzlich nur auf inländische Arbeitnehmer. Da Entsandte aber in der Regel im inländischen Betrieb beschäftigt bleiben, gilt auch für diese Mitarbeiter das Kündigungsschutzgesetz.

Arbeitnehmer des ausländischen Unternehmens fallen jedoch nicht unter das Kündigungsschutzgesetz, somit beschränkt sich die Sozialauswahl nur auf die Arbeitnehmer des deutschen Betriebsteils.

9.14 Wahl eines Gerichtsstands

Neben der Rechtswahl sollte wenn möglich auch ein Gerichtsstand im Entsendevertrag vereinbart werden. Der allgemeine Gerichtsstand stellt nach deutschem Recht die örtliche Zuständigkeit eines Gerichts für Klagen gegen eine Person dar (§ 12 ZPO ff). Eine natürliche Person hat ihren allgemeinen Gerichtsstand an ihrem Wohnsitz, eine juristische Person an ihrem Verwaltungssitz. Darüber hinaus existieren noch besondere Gerichtsstände, die weitere Klagemöglichkeiten eröffnen.

Durch Gerichtsstandvereinbarungen können Arbeitgeber und Arbeitnehmer nach deutschem Recht festlegen, wer an welchem Ort verklagt werden kann. Eine solche Vereinbarung kann allerdings nur dann wirksam getroffen werden, wenn mindestens eine der Vertragsparteien keinen allgemeinen Gerichtsstand im Inland besitzt.

Der entsandte Mitarbeiter bleibt – wie gesagt - in der Regel Arbeitnehmer des inländischen Unternehmens. Folglich ist eine Gerichtsstandsvereinbarung nur dann wirksam, wenn der Entsandte seinen Wohnsitz ins Ausland verlegt. Ist dies der Fall, ergibt sich die Zulässigkeit einer Gerichtsstandvereinbarung auch aus § 38 Abs. 3 Nr. 2 ZPO. Aus dieser Vorschrift geht hervor, dass eine derartige Vereinbarung vorsorglich getroffen werden kann, wenn der Arbeitnehmer seinen Wohnsitz oder gewöhnlichen Aufenthalt in das Ausland verlegt hat.

Existiert ein besonderer Gerichtsstand im Inland, so ist dies für die Vereinbarung unschädlich, da eine Vereinbarung über den Gerichtsstand auch nach Entstehung von Streitigkeiten geschlossen werden kann. Empfehlenswert ist eine schriftliche Abfassung einer solchen Vereinbarung, da möglicherweise das anwendbare Recht kein Formerfordernis kennt. Nach deutschem Recht muss dies ausdrücklich und schriftlich erfolgen. Darüber hinaus muss sie eindeutig auf ein bestimmtes Rechtsverhältnis (das Arbeitsverhältnis) beziehen. Wurde sie zu allgemein verfasst, entfaltet sie keine rechtliche Wirkung. Im Entsendevertrag sollte daher auf eine möglichst exakte Formulierung geachtet werden.

Merke: Gerichtsstandvereinbarungen in Entsende- oder Tarifverträgen, Betriebs- oder Dienstvereinbarungen sind wie allgemeine Geschäftsbedingungen zu betrachten und müssen daher den Angemessenheitskontrollen des § 307 Abs. 3 BGB genügen!

Bei Entsendungen von Mitarbeitern innerhalb der EU ist die Verordnung 44/2001 EuGVVO zu beachten, die die gerichtliche Zuständigkeit und die Anerkennung und Vollstreckung von Entscheidungen in Zivil- und Handelssachen innerhalb der EU regelt.

Die Verordnung ist als europarechtliche Regelung der deutschen ZPO übergeordnet und geht daher vor. Personen, die einen Wohnsitz innerhalb des Hoheitsgebietes eines Mitgliedsstaates der EU haben, sind nach dieser Verordnung grundsätzlich von den Gerichten dieses Mitgliedsstaates zu verklagen. Art. 20 Abs. 1 EuGVVO bekräftigt dies für Arbeitnehmer.

Dagegen können Arbeitgeber an ihrem Wohnort, dem Ort, an dem der Arbeitnehmer für gewöhnlich seine Arbeit verrichtet oder vor dem Gericht des Ortes verklagt werden, an dem sich die Niederlassung befindet, die den Arbeitnehmer eingestellt hat.

Hat der Arbeitgeber keinen Wohnsitz in der EU, unterhält er dort eine Zweigniederlassung oder sonstige Niederlassungen in einem Mitgliedsstaat, so wird diese so behandelt, als stelle sie einen Wohnsitz dar. Weiterhin kann der Arbeitgeber dort wieder Klage erheben, wo der Arbeitnehmer gegen ihn Klage erhoben hat.

Ohne eine Vereinbarung bezüglich des Gerichtsstandes kann der Arbeitnehmer bei Klagen gegen seinen Arbeitgeber zwischen den in Art. 19 EuGVVO genannten Gerichtsständen wählen. Dabei muss es, wie auch bei Klagen des Arbeitgebers gegen den Arbeitnehmer, gemäß Art. 18 Abs.1 EuGVVO um Streitigkeiten aus einem individuellen Arbeitsvertrag oder Ansprüche aus einem solchen gehen.

9.15 Steuern und Sozialversicherung

Im Entsendevertrag sollte auch geklärt werden, wie mit der Besteuerung des Gehalts und den Beiträgen zur Sozialversicherung verfahren wird. (vgl. Kapitel „Steuern und Sozialversicherung)

9.16 Aufwendungsersatz

Da der Auslandseinsatz überwiegend im Interesse des Arbeitgebers ist, sollten den Mitarbeitern durch ihre Auslandstätigkeit keine finanziellen Einbußen entstehen. Eine rechtliche Verpflichtung des Arbeitgebers zu einer Übernahme von Aufwendungen ist grundsätzlich zwar nicht verpflichtend, jedoch wird sich kaum ein Mitarbeiter zu einem Auslandseinsatz bereit erklären, wenn er sich dadurch monetär schlechter stellt.

9.17 Umzugskosten

Der Entsendevertrag sollte eine Vereinbarung bezüglich der Umzugsmodalitäten beinhalten. Hier kann geregelt werden, wie viel Hausrat mitgenommen werden soll, nach welchen Maßstäben eine Spedition zu beauftragen ist oder ob eine Kostenübernahme für die Einlagerung von Eigentum erfolgen soll.

Wie detailliert die Regelung des Umzugs in den Entsendevertrag aufgenommen werden soll, bleibt den vertragsschließenden Parteien überlassen. Für gewöhnlich werden die Umzugskosten komplett vom Arbeitgeber übernommen. Sollte der Auslandseinsatz aus Gründen abgebrochen werden, die alleine der Mitarbeiter zu verantworten hat, könnten die Parteien vereinbaren, dass die Kosten des Umzugs nicht vom Arbeitgeber getragen werden müssen.

Merke: Eine Klausel, nach der der Mitarbeiter die Kosten des Umzugs selber tragen muss, wenn er aufgrund von Vertragsverletzungen fristgerecht gekündigt wird, ist hingegen nicht wirksam.

9.18 Mietkosten

Die Übernahme von Mietkosten durch den Arbeitgeber muss ebenfalls geregelt werden. In der Praxis wird dem Mitarbeiter häufig ein Mietkostenzuschuss für die Unterkunft im Gastland gezahlt. Im Einzelfall werden die Kosten auch vollständig vom Arbeitgeber übernommen, insbesondere dann, wenn Familienmitglieder in Deutschland bleiben.

9.19 Kostenübernahme für Heimreisen

Regelmäßige Heimreisen stellen ein personalwirtschaftliches Mittel zur besseren Wiedereingliederung bei Rückkehr ins Heimatland dar. Aus diesem Grund ist es sinnvoll, die Fahrt-/Flugkosten für mindestens einen jährlichen Heimaturlaub zu übernehmen.

Sollte der Expat ohne Familie ausreisen, werden meist häufigere Heimreisen gewährt.

Die Dauer des Heimaturlaubs sollte sich ebenfalls danach richten, ob die Familie den Expat begleitet oder in Deutschland geblieben ist.

Unterschiede der Häufigkeit und Dauer regelmäßiger Heimreisen werden auch nach Entsendungsland oder -region gemacht.

Heimreisen können darüber hinaus mit Dienstreisen zum Stammhaus verbunden werden, um fachbezogene Gespräche wahrzunehmen und personalwirtschaftliche Angelegenheiten vor Ort regeln zu können.

In Notfällen sollte es den Entsandten jederzeit möglich sein, auf Kosten des Arbeitgebers nach Deutschland zurückzukehren. Derartige Notfälle können dringende private Gründe, wie z. B. Erkrankung oder Tod eines nahen Familienangehörigen sein. Denkbar ist auch eine kritische politische oder wirtschaftliche Situation im Gastland. Letztere Gründe rechtfertigen schon aus der arbeitsrechtlichen Fürsorgepflicht des Arbeitgebers die Übernahme von Heimreisekosten.

9.20 Sonstige Aufwendungen

Der Auslandseinsatz kann für den Mitarbeiter auch weitere Kosten verursachen. Zu nennen sind hier Kosten für die Beschaffung von Visa und

Arbeitserlaubnis für den Entsandten und ihn begleitende Angehörige. Darüber hinaus z. B. Aufwendungen für die schulische Ausbildung der Kinder des Mitarbeiters oder Kosten für die Vorbereitung und Reintegration des Entsandten selber. Im Entsendevertrag ist daher eine eindeutige Regelung zu empfehlen, ob und in welchem Umfang derartige Kosten vom Arbeitgeber übernommen werden.

9.21 Entgeltfortzahlung

Bezüglich der Entgeltfortzahlung existieren in der Literatur verschiedene Ansätze, die nachfolgend dargestellt werden:

Der erste Ansatz geht davon aus, dass sich die Pflicht zur Lohnfortzahlung gemäß Art. 12 Rom I-VO nach dem Arbeitsvertragsstatut richtet. Diese Vorschrift besagt, dass die Folgen der Nichterfüllung eines Vertrages nach dem auf den Vertrag anzuwendenden Recht zu beurteilen sind. Hierzu kann auch das Entgeltfortzahlungsgesetz (EFZG) gezählt werden.

Möglich ist auch, Entgeltfortzahlungen als Teil der Pflicht des Arbeitgebers zur Zahlung des Arbeitsentgelts zu sehen. Auch hier ist das Arbeitsvertragsstatut entscheidend, da dies eine Vertragspflicht des Arbeitgebers darstellt.

Fraglich ist, ob das Entgeltfortzahlungsgesetz zu den zwingenden Vorschriften des deutschen Rechts gemäß Art. 9 Rom I-VO oder zu den zwingenden Schutzbestimmungen des Art. 8 Abs. 1 Rom I-VO gehört.

Im zweiten Ansatz wird von der Anknüpfung des Entgeltfortzahlungsrechts an das jeweils anzuwendende Sozialversicherungsrecht ausgegangen, da das Entgeltfortzahlungsgesetz sehr eng mit dem Krankenversicherungsrecht verknüpft ist. Demnach muss zur Beurteilung der Ausstrahlung des Entgeltfortzahlungsgesetzes bei Entsendungen die Ausstrahlung des deutschen Sozialversicherungsrechts geprüft werden. Das anzuwendende Sozialversicherungsrecht kann nicht durch die Wahl einer Rechtsordnung bestimmt werden. Es ergibt sich entweder aus der Verordnung 1408/71 EWG bzw. ab Mai 2010 die VO 883/04 (vgl. sozialversicherungsrechtlicher Teil) oder aus zwischenstaatlichen Sozialversicherungsabkommen.

Falls keine dieser Alternativen greift, ist die Ausstrahlung des deutschen Sozialversicherungsrechts nach § 4 SGB IV zu prüfen. Bei Entsendung innerhalb der EU hätte dies jedoch zur Folge, dass das Entgeltfortzahlungsgesetz wie auch das deutsche Sozialversicherungsrecht nach den Art. 13 ff. VO 1408/71 für maximal zwei Jahre der Entsendung zur Anwendung kommen würde. Auch weitere Sozialversicherungsabkommen könnten die Anwendung des Entgeltfortzahlungsgesetzes zeitlich befristen oder beschränken.

In einem dritten Ansatz wird zwischen den rein arbeitsrechtlichen Vorschriften, die sich lediglich auf Arbeitgeber und Arbeitnehmer beziehen und denjenigen, die sich die Träger der sozialen Sicherheit nennen, unterschieden. Rein arbeitsrechtliche Vorschriften folgen nach dieser Auffassung dem Arbeitsvertragsstatut. Die Vorschriften sozialversicherungsrechtlicher Natur (z. B. Insolvenzgeld nach § 183 SGB III) sind der Ausstrahlung des Sozialversicherungsrechts unterworfen.

Praxistipp: Individualvertraglich, und somit auch im Entsendevertrag, kann der nach deutschem Recht festgelegte Mindestumfang des Entgeltfortzahlungsanspruchs vereinbart werden. Dem Arbeitnehmer zustehende Leistungen der Krankenversicherung können auf die Lohnfortzahlung des Arbeitgebers angerechnet werden. In diesem Zusammenhang sollte auch geklärt werden, wer im Falle einer schweren Erkrankung des Mitarbeiters eventuelle Transportkosten nach Deutschland trägt. Auch an den möglichen Fall des Ablebens des Entsandten sollte gedacht werden. Eine entsprechende Vereinbarung über die Fortzahlung des Gehalts an die Familienangehörigen für die Dauer von z. B. drei Monaten sollte getroffen werden, um diese finanziell abzusichern.

Der nach § 2 EntgFG bestehende Anspruch auf Entgeltfortzahlung an gesetzlichen Feiertagen kann nicht auf Entsendungen angewendet werden. Gesetzliche Feiertage kann der deutsche Arbeitgeber nur für Deutschland bestimmen. Im Ausland können grundsätzlich andere gesetzliche Feiertage bestehen. Für die Art und Weise der Erfüllung des Vertrages ist das Recht des Staates zu beachten, in dem die Erfüllung erfolgt. Dies gilt auch für die Beachtung von Feiertagen und die Entgeltfortzahlung an diesen. Das Arbeitsvertragsstatut hat hierauf folglich keinen Einfluss.

Möglich ist dagegen, im Entsendevertrag zu vereinbaren, dass die in Deutschland üblichen Feiertage dem Mitarbeiter während der Entsendung als bezahlte Feiertage gewährt werden, auch wenn sie nach nationalem Recht des Gastlandes nicht arbeitsfrei sind. Nationale Bestimmungen des Gastlandes bezüglich gesetzlicher Feiertage können jedoch auch nicht ausgeschlossen werden, wenn die entsprechende Rechtsprechung dies nicht erlaubt.

9.22 Zusatzversicherungen

Für die Dauer des Auslandsaufenthaltes empfiehlt sich der Abschluss einer Auslandskrankenversicherung. Wie bereits im Kapitel 4 (Vorbereitung des Auslandseinsatzes) gezeigt, können dem Mitarbeiter oder dem Arbeitgeber finanzielle Nachteile entstehen, wenn lediglich die inländische gesetzliche Krankenversicherung weiter besteht und der Entsandte im Ausland erkrankt. Vor diesem Hintergrund ist es zweckmäßig, den Arbeitnehmer im Entsendevertrag zum Abschluss einer Auslandskrankenversicherung bei Übernahme der vollen Kosten (Beiträge und eventuelle Zuzahlungen) durch den Arbeitgeber zu verpflichten.

Ist das Entsendeaufkommen im Unternehmen hoch, sollte der Abschluss eines Rahmenversicherungsvertrages bezügliche Auslandskrankenversicherung für alle Entsendungen geprüft werden. In diesem Fall ist darauf zu achten, dass sich die Zusatzversicherung auch auf mit ausreisende Familienangehörige bezieht. In diesem Zusammenhang sei erwähnt, dass der Abschluss von Reisegepäck-, Umzugs- und einer privaten Unfallversicherung ebenfalls zu prüfen wäre.

9.23 Betriebliche Altersvorsorge

Besteht eine betriebliche Altersvorsorge, so sollte die Handhabung dieser für die Dauer des Auslandseinsatzes im Entsendevertrag geregelt werden.

Hierbei sind drei Varianten möglich:

1. die für den Entsandten Mitarbeiter günstigste Variante liegt in der Beibehaltung der inländischen Altersvorsorgung. Ein Währungsrisiko besteht hierbei nicht. Werden die Leistungen gehaltsabhängig bemessen, kann die Fortführung eines Schattengehaltes als Bemessungsgrundlage dienen. Auch für den Fall, dass das ausländische Unternehmen ein anderes System der betrieblichen Altersvorsorge nutzt, ist dies meist die bessere Alternative. Es kann jedoch sein, dass nationale Bestimmungen des Gastlandes unter bestimmten Voraussetzungen einen Zwang zum Beitritt zu betrieblichen Vorsorgesystemen des jeweiligen nationalen Arbeitgebers vorsehen.

2. Eine weitere Möglichkeit stellt die Übernahme der Altersvorsorge im Entsendestaat dar. Dabei übernimmt das ausländische Unternehmen alle Ansprüche aus der betrieblichen Altersvorsorgung, die in der Vergangenheit entstanden sind und führt diese nach den nationalen Regeln fort. Empfehlenswert ist diese Variante nur bei einer Versetzung des

Mitarbeiters, da er das Währungsrisiko für die Auszahlung der Leistung im Entsendestaat trägt.
3. In einigen Ländern besteht der Zwang der betrieblichen Altersvorsorge. Ist dies der Fall oder bestimmen sogar Konzernrichtlinien, das Vorsorgungszusagen vom jeweiligen Arbeitgeber durchzuführen sind, kann eine Zusage im Entsendestaat für die Zeit der Entsendung erfolgen. Anwartschaften im Heimatland bleiben dem Mitarbeiter dabei erhalten. Dabei muss vertraglich sichergestellt werden, dass der Mitarbeiter für die Zeit des Auslandseinsatzes keine Nachteile erleidet. Während der Rentenphase erhält er dann Leistungen von verschiedenen Arbeitgebern. Nachteilig kann in diesem Fall das Währungsrisiko für Leistungen aus dem Gastland sein.

Das Gesetz zur Verbesserung der betrieblichen Altersvorsorgung (BetrAVG) ist auf alle Arbeitgeber mit Sitz in Deutschland anwendbar und gilt unabhängig vom jeweiligen Arbeitsvertragsstatut oder Tätigkeitsort des Arbeitnehmers. Folglich ist auch der Insolvenzschutz des Pensionssicherungsvereins gemäß § 14 des zuvor genannten Gesetzes für Ansprüche aus der betrieblichen Altersvorsorgung bei Entsendungen gegeben, wenn das deutsche Arbeitsverhältnis weiter bestehen bleibt. Handelt es sich hingegen um eine Versetzung, bei der der Mitarbeiter einen ausländischen Arbeitsvertrag abschließt und das inländische Arbeitsverhältnis beendet wird, besteht diese Sicherung nicht weiter.

Sind die Beiträge zur betrieblichen Altersvorsorgung gehaltsabhängig zu zahlen, so kann das fortgeführte Schattengehalt des Mitarbeiters im Stammhaus als Bemessungsgrundlage herangezogen werden. Werden feste Beiträge gezahlt, so ist die Höhe dieser auch für die Entsendungsdauer ausschlaggebend.

10 Entgelt für den Entsandten

Nachfolgend soll auf das Problem der Entgeltfindung während des Auslandsaufenthalts eingegangen werden. Während der Gehaltsfindung in Deutschland durch gesetzliche und tarifvertragliche Regelungen zuweilen enge Grenzen gesetzt sind, existieren keine gesetzlichen oder tarifvertraglichen Bestimmungen, die die Höhe des Entgelts für den entsandten Mitarbeiter einengen. Dennoch sind auch hier einige Punkte zu bedenken.

Zielsetzung sollte sein, dass der Mitarbeiter seinen aus dem Heimatland gewohnten Lebensstandart aufrechterhalten kann. Andererseits muss natürlich auch eine zumutbare Kostenbelastung für das Unternehmen sichergestellt sein.

Letztendlich muss auf Transparenz und Gerechtigkeit bei diesen Gehältern geachtet werden, um für Stammhausmitarbeiter und Mitarbeiter aus anderen Ländern, die in demselben Entsendungsland tätig sind, vergleichbare Vergütungsleistungen zu gewährleisten.

10.1 Vergütungsmodelle

In der Literatur findet man im Wesentlichen drei verschiedene Vergütungsmodelle. Diese leiten sich in der Regel aus den jeweiligen Unternehmensstrategien ab und lassen sich in

- heimatlandorientierte (stammlandorientierte)
- gastlandorientierte und
- zentral-orientierte (geo-zentrierte)

Entlohnungsmodelle unterscheiden.

Die nachstehenden Ausführungen beschränken sich allerdings auf die Darstellung des heimatlandorientierten Vergütungsmodells, da sich bei Gegenüberstellung eines heimatlandorientierten mit einem gastlandorientierten Vergütungsmodell feststellen lässt, dass die Vorteile des Einen mehr oder weniger die Nachteile des Anderen bilden.

10.2 Stammland- oder Heimatlandorientierte Entlohnung

Im Hinblick auf die Unternehmensstrategie handelt es sich bei der Anwendung dieses Entlohnungsmodells um ein ethnozentrisch orientiertes Unternehmen. Die Vergütungskonzeption baut hierbei auf dem Gehaltsniveau vergleichbarer Mitarbeiter im Heimatland auf, das durch bestimmte zusätzliche Vergütungskomponenten ergänzt wird.

	Bruttogrundgehalt (Stamm-/Heimatland)
+	Auslandszulage
+	Erschwerniszulage
=	Bruttogehalt
-	hypothetische Steuern (Stamm-/Heimatland)
=	Nettoeinkommen Stamm-/Heimatland
+	Nettodifferenz Lebenshaltungskosten
+	Nettodifferenz Wohnungskosten
+	Nettodifferenz Ausbildungskosten
=	verfügbares Einkommen Gastland

Quelle: Stamm-/Heimatland-orientiertes Entlohnungsmodell (Vergleich Scherm: Internationales Personalmangement, Wien, 1999, a.a.O.)

Ausgehend von einer nachvollziehbaren Festlegung des Grundgehalts ist eine Bewertung der Arbeitsanforderung der zu besetzenden Stellen erforderlich, die mit denen im Entsendungsland identisch ist. Dabei gilt es zu beachten, dass gleiche Verfahren zum Einsatz kommen, da nur so Identifikation, Bewertung und Gewichtung der jeweiligen Anforderungsmerkmale in vergleichbarer Form erfolgen können.

Auch einer periodischen Gehaltsanpassung durch Anforderungs- und Leistungsänderungen analog zu den Grundgehältern im Heimatland muss Rechnung getragen werden. Die Auslandszulage oder auch Länderzulage schafft einen finanziellen Anreiz, in einen bestimmten Staat zu gehen und stellt zudem eine Gegenleistung für erhöhte Anforderung im Ausland dar. Diese Zulagen kann man in zwei Bestandteile klassifizieren:

- die *Mobilitätszulage* hängt grundsätzlich nicht oder nur geringfügig vom Gastland ab und beträgt je nach Unternehmen zwischen 5 und 15% des Nettogehalts,
- die *Erschwernis- oder „Hard-ship-Zulage"* hingegen richtet sich nach den jeweiligen länderspezifischen Faktoren (Umweltbedingungen, Einschränkung der Lebensqualität, kulturell bedingte Isolation und Sicherheitsrisiken). Sie wird zusätzlich zur Mobilitätszulage gewährt und beträgt zwischen 5 und 40% des Nettogehalts.

Die im Stamm-/Heimatland zu zahlenden, hypothetischen Einkommenssteuern müssen kalkulatorisch abgezogen werden, um keine Nachteile entstehen zu lassen, während die im Gastland tatsächlich anfallenden Steuern von der Unternehmung beglichen werden.

Für nahezu alle Mitarbeiter wird ein *Lebenshaltungskostenausgleich* gezahlt (sog. Cost – Of – Living – Allowance), der die veränderten Lebenshaltungskosten kompensieren soll. Die Lebenshaltungskosten können auch niedriger ausfallen, wobei man diese dem Entsandten in der Praxis in den meisten Fällen jedoch belässt und nicht abzieht. Die Problematik bei der Berechnung liegt meistens darin, dass sich diese auch aufgrund starker Wechselkursschwankungen ständig ändern.

Ein weiterer Schritt zur Ermittlung des angemessenen Auslandseinkommens liegt in der Ermittlung des Gleichgewichts zwischen dem bisherigen Gehalt und den Bezügen des Mitarbeiters während seines Auslandsaufenthalts. Man bedient sich in diesem Kontext der *Nettovergleichsrechung (Balance-Sheet-Approach)*. Ausgehend von dem bisherigen Bruttoinlandsgehalt gliedert man jenes in verschiedene Bestandteile, wie Steuern und Sozialabgaben, Kosten für Unterkunft sowie für den Erwerb von Gütern und Dienstleistungen und in ein restliches Einkommen, das z. B. für Vorsorgemaßnahmen oder für die Bildung von Reserven aufgewendet wird. Im Ergebnis kommt man dann zur *Bruttovergütung im Ausland*, die, wie bereits erwähnt, sicherstellen soll, dass dem Mitarbeiter keine finanziellen Nachteile entstehen.

In diesem Zusammenhang soll auch auf das Stichwort „*Schattengehalt*" eingegangen werden. Für den Fall, dass das Grundgehalt auf der heimatlandbezogenen Vergütung beruht, wird auch während der Entsendung bei Gehaltsanpassungen im Stammhaus das Gehalt des entsandten Mitarbeiters miteinbezogen. Der Mitarbeiter nimmt demnach „fiktiv" an allen Gehaltserhöhungen, Umgruppierungen und sonstigen Anpassungen teil und sollte auch hierüber regelmäßig informiert werden.

Merke: Eine Anpassung der Vergütung und eine eventuelle Höherqualifikation durch den Auslandseinsatz kann bereits im Schattengehalt berücksichtigt werden. Empfehlenswert ist dies jedoch nur, wenn der Entsandte bei seiner Rückkehr eine Position im Stammhaus einnehmen soll, die diesem Gehalt auch entspricht.

11 Beendigung des Auslandseinsatzes

Der Auslandseinsatz kann aus verschiedenen Gründen beendet werden. Im Folgenden werden die wichtigsten näher beschrieben und erläutert.

11.1 Beendigung durch Zeitablauf oder Zweckerreichung

Der Ablauf der im Entsendevertrag vereinbarten Entsendedauer oder die Erreichung des vereinbarten Entsendezwecks (z.b. Beendigung des Projektes) stellen die gewöhnlichen Beendigungsgründe dar.

Stellt der Entsendevertrag eine Zusatzvereinbarung zu einem für die Zeit der Entsendung ruhend gestellten Arbeitsvertrag dar, treten die vertraglichen Hauptpflichten aus diesem wieder in Kraft und der Entsendevertrag verliert seine Wirkung. Dies geschieht ebenfalls mit einem Entsendevertrag, der als Ergänzungsvertrag abgeschlossen wurde.

Wurde der Mitarbeiter dagegen zum Zweck der Entsendung eingestellt, ist zu prüfen, ob der Entsendevertrag als Einstellungsvertrag auch für ein inländisches Arbeitsverhältnis Wirkung entfaltet. Aufgrund der zwingenden Vorschrift des Nachweisgesetzes sind die Rückkehrbedingungen im Vertrag zu vereinbaren.

11.2 Abberufung

Der Arbeitgeber kann den Arbeitnehmer im Rahmen seines Direktionsrechts grundsätzlich jederzeit aus dem Ausland zurückrufen. Es erfolgt jedoch eine *Billigkeitskontrolle* (=Interessenabwägung) des ausgeübten Rückrufes. Hierbei sind die Auswirkungen auf die Lebensführung des Arbeitnehmers zu berücksichtigen. Daher empfiehlt es sich, eine Rückrufklausel im Entsendevertrag zu vereinbaren, die den Arbeitgeber berechtigt, unter Wahrung einer angemessenen Frist, den Arbeitnehmer auch vorzeitig aus dem Ausland zurückzurufen.

11.3 Krisensituation im Gastland

Es kann vorkommen, dass sich ein Gastland während der Entsendung in Folge von unvorhersehbaren Schwierigkeiten zu einem Krisengebiet entwickelt. Dies kann unter Umständen eine unmittelbare Bedrohung für den Entsandten darstellen. Um aus einer solchen Situation heraus möglicherweise entstehenden rechtlichen Problemen vorzubeugen, sollte der Entsendevertrag Regelungen bezüglich der zu ergreifenden Maßnahmen beinhalten. Sollte der Mitarbeiter ohne derartige Regelungen eigenmächtig das Gastland verlassen und somit seiner Arbeit nicht nachkommen, riskiert er eine Abmahnung oder gar eine Kündigung.

Es sind nur wenige Situationen denkbar, in denen die Erbringung der Arbeitsleistung für den Entsandten unmöglich und dieser somit rein rechtlich von ihr befreit wird. Die Pflicht des Arbeitgebers zum Schutz der Gesundheit und des Lebens seiner Arbeitnehmer gemäß § 618 Abs. 1 BGB bezieht sich lediglich auf Einrichtungen und Arbeitsmittel, nicht jedoch auf die allgemeine Situation im Gastland. Der Mitarbeiter muss aber bei Erbringung seiner Arbeitsleistung nicht Gesundheit oder Leben riskieren. Problematisch ist jedoch die Beurteilung des Risikos, da das subjektive Empfinden einer akuten Gefährdung sehr unterschiedlich sein kann.

Ohne Zweifel ist der Entsandte dann zum Verlassen des Gastlandes berechtigt, wenn das deutsche Auswärtige Amt zum Verlassen des Gastlandes rät oder auffordert. Eine objektive Gefahr ist in diesem Fall stets gegeben und die Erbringung der Arbeitsleistung wird als unzumutbar angesehen.

Regelungsbedürftig ist hier die Frage der Gehaltszahlung. Nach § 615 Satz 1 BGB ist die Vergütung bei Annahmeverzug des Arbeitgebers weiter in vollem Umfang zu zahlen. Gleiches gilt auch bei Betriebsstörungen, die in den Risikobereich des Arbeitgebers fallen. Bei Krisensituationen im Gastland wird der Arbeitnehmer in der Regel nicht in Annahmeverzug sein und auch die Betriebsrisikolehre scheidet bei einer bloßen Gefahrenlage aus. Anders ist die Sachlage natürlich bei einer Beschädigung oder Zerstörung des Betriebes infolge politischer Auseinandersetzungen oder Naturkatastrophen.

Wie der Arbeitnehmer seinen Arbeitsort erreicht, liegt in seinem Risikobereich. Verlässt der Mitarbeiter in einer Krisensituation das Gastland, verliert er folglich seinen Vergütungsanspruch. Dies wird beispielsweise auch bei einer Ausweisung des Entsandten durch die Regierung des Gastlandes angenommen, da auch sie nicht dem Betriebsrisiko des Arbeitgebers zuzurechnen ist. Die arbeitsvertragliche Fürsorgepflicht des Arbeitgebers führt allerdings dazu, dass dieser sich um eine Einsatzmöglichkeit des Mitarbeiters während dessen Abwesenheit vom eigentlichen Einsatzort bemühen muss. Ist dies nicht möglich und dauert die Krisensituation voraussichtlich länger an, kann dem Arbeitnehmer betriebsbedingt gekündigt werden.

Besteht schon vor Entsendungsbeginn im Gastland eine Krisensituation, sollte der Arbeitgeber die Entsendung verschieben oder dem Mitarbeiter die Entscheidung überlassen, ob dieser das Risiko auf sich nehmen möchte. Aufgrund arbeitsvertraglicher Fürsorgepflichten muss er den Mitarbeiter über eventuelle Risiken aufklären.

Merke: Der Entsendevertrag sollte detaillierte Vereinbarungen über eine Ausreise im Krisenfall, eine Wiederbeschäftigung im Stammhaus und die Behandlung des Vergütungsanspruchs beinhalten. Einer Regelung bedarf auch die Frage, wer in einem derartigen Fall die Kosten für die Ausreise übernehmen soll. Eine Pflicht zur Übernahme der Kosten durch den Arbeitgeber besteht nicht.

11.4 Abbruch der Entsendung

Ein Abbruch der Entsendung durch den ins Ausland entsandten Mitarbeiter kann unterschiedliche Gründe haben. Hierdurch entstehen hohe Kosten und Probleme bei der betrieblichen Wiedereingliederung des Mitarbeiters im Stammhaus. Um dem entgegen zu wirken und die Kosten zu reduzieren, kann für den Fall der vorzeitigen Beendigung des Auslandseinsatzes die Zahlung eines Schadenersatzes vereinbart werden. Auch eine Vereinbarung, nach der der Arbeitgeber die Umzugskosten nur bei planmäßiger Beendigung der Entsendung übernimmt, ist möglich.

Eine andere Situation zeigt sich natürlich, wenn der Entsandte unverschuldet nicht mehr in der Lage ist, den Auslandseinsatz planmäßig zu beenden.

Die Vereinbarung eines pauschalen Schadenersatzes für den vorzeitigen Abbruch ist denkbar und könnte sich z. B. an einem Bruttomonatsgehalt des Mitarbeiters orientieren. Wird ein anderer Maßstab des Schadenersatzes gewählt, so muss dieser im Verhältnis zum Einkommen des Mitarbeiters stehen. Hierbei sind die Grundsätze der Mitarbeiterhaftung zu beachten.

Derartige Bindungsklauseln sind zudem nur dann wirksam, wenn der Arbeitgeber hieran ein berechtigtes Interesse nachweisen kann. Dieses wäre gegeben, wenn der Arbeitnehmer längere Zeit im Ausland seine Arbeitsleistung erbringen soll und dies daher hohe Kosten für die Einarbeitungszeit, Reisekosten etc. mit sich gebracht hat. Zusätzlich muss auch die Dauer der Bindung angemessen sein, wobei eine Zeitspanne von drei Jahren als zulässig angesehen wird.

12 Kündigung und Beendigung der Entsendung

12.1 Geltungsdauer der Zusatzvereinbarung/des Ergänzungsvertrages

Ebenfalls enthalten sollte der Entsendevertrag eine Klausel, aus der eindeutig hervorgeht, dass die Zusatzvereinbarung bzw. der Ergänzungsvertrag lediglich für die Dauer der Entsendung Wirksamkeit entfaltet. Nach dem Auslandseinsatz regelt ausschließlich der ursprüngliche Arbeitsvertrag das Arbeitsverhältnis. Alle weiteren in Verbindung mit der Entsendung getroffenen Vereinbarungen treten bei Rückkehr ins Stammhaus außer Kraft.

12.2 Beendigung des Arbeitsverhältnisses während der Entsendung

Grundsätzlich kann das gesamte Arbeitsverhältnis auch während der Entsendung von beiden Parteien gekündigt werden. Für Arbeitgeber und Arbeitnehmer ist es daher von Vorteil, die Möglichkeit der ordentlichen Kündigung für die Zeit des Auslandseinsatzes im Entsendevertrag auszuschließen. Dies gibt beiden Seiten die Sicherheit, dass die Entsendung planmäßig durchgeführt wird. Der Arbeitgeber kann Organisation und Kosten besser planen und der Mitarbeiter kommt nicht in die Situation, sich aus dem Ausland heraus um eine neue Stelle bemühen zu müssen.

Ist eine derartige Vertragsgestaltung nicht gewollt, kann für den Fall der Beendigung des Arbeitsverhältnisses während der Entsendung durch ordentliche Kündigung von Seiten des Arbeitgebers die Weiterzahlung des Gehalts für eine bestimmte Zeit nach Beendigung des Auslandsarbeitsverhältnisses vereinbart werden. Hierdurch wird der Mitarbeiter finanziell abgesichert, da er aufgrund des Auslandseinsatzes den Anspruch auf Arbeitslosengeld in Deutschland verlieren kann. Sollte der Mitarbeiter Arbeitslosengeld oder sonstige Transferleistungen des Staates erhalten, könnten diese auf das Grundgehalt angerechnet werden.

Wurde die Möglichkeit zur ordentlichen Kündigung nicht im Entsendevertrag ausgeschlossen, so sind fristgerechte oder außerordentliche Kündigungen durch beide Parteien möglich. Die Vorschriften des deutschen Kündigungsrechts können entweder durch die Wahl des deutschen Rechts oder durch Kollisionsnormen (Internationales Privatrecht) zur Anwendung kommen. Bestimmte Mindestschutzbestimmungen des deutschen Arbeitsrechts (z. B. Kündigungsfristen, besonderer Kündigungsschutz für bestimmte Arbeitnehmergruppen, Schriftformerfordernis von Kündigungen etc.) können grundsätzlich nicht durch Rechtswahl umgangen werden. Daher ist die Rechtswahl in mehrfacher Hinsicht eingeschränkt. Grundsätzlich gilt, dass jeweils die günstigere Norm für den Arbeitnehmer (*Günstigkeitsprinzip*) gilt. Hierdurch ist es möglich, dass teilweise deutsches und auch teilweise ausländisches Recht anzuwenden ist.

Merke: Unabhängig von der Rechtswahl, sind gemäß Art. 12 Rom I-VO zwingend die Eingriffsnormen des deutschen Rechts anzuwenden. Diese Vorschrift ist eng auszulegen. Die deutsche Rechtsprechung stellt darauf ab, ob die jeweilige Regelung des deutschen Rechts zumindest auch im Interesse des Gemeinwohls und nicht nur ausschließlich für den individuellen arbeitsvertraglichen Bereich geschaffen wurde. Daher sind nicht alle Arbeitsschutznormen erfasst.

Die Rechtsprechung sieht keinen zwingenden Charakter der Normen des allgemeinen Kündigungsschutzes (§§ 1 - 14 KSchG) und des § 613a BGB. Die Regelungen über die Massenentlassung in den §§ 17 ff. KSchG und die materiell – rechtlichen Vorschriften der Insolvenzordnung werden hingegen als unabdingbar angesehen.

Die grundsätzliche Rechtswahlfreiheit und Dispositionsmöglichkeit arbeitsrechtlicher Bestimmungen st weiterhin über die Europäische Richtlinie 96/71/EG über die Entsendung von Arbeitnehmern (*Entsenderichtlinie*) eingeschränkt.

Folgende Vorschriften muss der Mitgliedsstaat, in welchen ein Mitarbeiter vorübergehend von einem Arbeitgeber aus einem anderen Mitgliedsstaat entsandt wird, umsetzen:

- Regelungen zur Höchstarbeitszeit, Mindestruhezeit
- Mindesturlaub (bezahlt)
- Mindestlohn einschließlich Überstundenvergütung
- Bedingungen für die Beschäftigung von Leiharbeitnehmern
- Gesundheits-, Sicherheits- und Hygienebestimmungen
- Schutzmaßnahmen für Schwangere, Kinder und Jugendliche
- Gleichbehandlung von Männern und Frauen sowie andere Bedingungen der Nichtdiskriminierung

Dies kann dazu führen, dass trotz der Auswahl des deutschen Rechts das ausländische Recht des Gastlandes zur Anwendung kommt. Aber auch hier gilt grundsätzlich das Günstigkeitsprinzip (Art. 3 Abs. 7 ER 96/71/EG). Darüber hinaus gilt, wenn die Parteien deutsches Arbeitsrecht vereinbart haben oder es aufgrund objektiver Anknüpfung anzuwenden wäre, auch deutsches Individualarbeitsrecht.

12.3 Zugang und Fristen

Gemäß § 623 BGB hat die Kündigung zwingend schriftlich zu erfolgen. Eine Kündigung z. B. per E-Mail ist ausdrücklich ausgeschlossen.

Die gesetzlichen Schriftformerfordernisse sind in § 126 BGB geregelt. Da die Rechtswirksamkeit einer Kündigung von deren Zugang abhängt, sind die Zugangsregelungen der §§ 130 ff. BGB entscheidend. Wird dem Mitarbeiter die Kündigungserklärung persönlich überreicht, so geht sie im Zeitpunkt der Übergabe zu. Ist dies nicht möglich, gilt die Kündigungserklärung erst dann als zugegangen, wenn sie in den Machtbereich des Mitarbeiters gelangt, d. h. dieser unter normalen Umständen die Möglichkeit zur Kenntnisnahme hat.

Der Zugang der Kündigungserklärung löst den Beginn der Kündigungsfrist aus. Soll das gesamt Arbeitsverhältnis beendet werden, ist auch die im eigentlichen Arbeitsvertrag vereinbarte Kündigungsfrist zu beachten.

12.4 Kündigungsgründe

Wie bei nationalen Arbeitsverhältnissen muss auch bei Entsendungen im Kündigungsfall ein Kündigungsgrund vorliegen. Dieser kann personenbedingte, verhaltensbedingte oder betriebsbedingte Ursachen haben. Im Nachfolgenden sollen lediglich Gründe erörtert werden, die speziell bei Entsendungen auftreten können.

Ein *personenbedingter Kündigungsgrund* im Falle der Entsendung kann in einer fehlenden oder dem Verlust der Aufenthalts- und/oder Arbeitserlaubnis liegen, wenn dies der entsandte Mitarbeiter zu verschulden hat. Im Regelfall wird das entsendende Unternehmen dem Mitarbeiter bei der Beschaffung dieser Dokumente behilflich sein, wodurch das Verschulden meist nicht alleine beim Mitarbeiter liegen kann.

Anders wäre der Fall zu beurteilen, wenn der Mitarbeiter für die Anstellung benötigte Unterlagen (Geburts-, Heiratsurkunden, Zeugnisse etc.) nicht vorlegt oder ihm aufgrund seines Verhaltens die Aufenthalts- oder Arbeitserlaubnis entzogen wird.

Bedeutsamer kann eine fehlende persönliche Eignung sein, da der Mitarbeiter sich im Ausland auf die dortigen Gegebenheiten einstellen muss. Ist er z. B. nicht in der Lage seine Arbeitsweise oder seinen Führungsstil dem

Gastland anzupassen, kann dies zu enormen Problemen mit Mitarbeitern und Vorgesetzten führen. Durch eine gute Personalauswahl und Personalvorbereitung kann dem jedoch vorgebeugt werden.

Verhaltensbedingte Kündigungsgründe können z. B. in der Missachtung örtlicher Verhaltensvorschriften oder Gesetze liegen. Stellt sich ein Mitarbeiter trotz Aufklärung über Verhaltensvorschriften im Gastland hierauf nicht ein, kann dies zu einem Verlust von Kunden und dem Ansehen des Unternehmens in der Öffentlichkeit führen. Man denke hier an asiatische Länder, in denen sehr viel Wert auf Höflichkeit gelegt wird oder islamische Länder mit speziellen Kleidungsvorschriften. Macht sich der Entsandte im Gastland strafbar, rechtfertigt dies eine Kündigung nur dann, wenn der Gesetzesverstoß eine Auswirkung auf den Betrieb hat.

Werden *betriebsbedingte Kündigungen* aus dem Grund ausgesprochen, weil der Arbeitsplatz des Entsandten im Stammhaus anderweitig besetzt oder weggefallen oder kein adäquater Arbeitsplatz frei ist, so muss das vom Arbeitgeber detailliert dargestellt und bewiesen werden. Ist dies nicht möglich, so wird dies grundsätzlich zur Unwirksamkeit der Kündigung führen. Enthält der Entsendevertrag darüber hinaus eine Rückkehrgarantie, so muss der Arbeitgeber für eine entsprechende freie Stelle bei Rückkehr des Mitarbeiters sorgen.

Einen wirksamen Kündigungsgrund stellt die Betriebsaufgabe der Auslandsgesellschaft dar. Hier ist zu prüfen, ob dies die Kündigung des gesamten Arbeitsverhältnisses oder nur die Kündigung des Entsendevertrages rechtfertigt.

12.5 Aufhebungsvertrag

Durch einen Aufhebungsvertrag kann ein Arbeitsverhältnis einvernehmlich aufgelöst werden. Aufgrund des engen Zusammenhangs zum Arbeitsverhältnis, ist das Recht anzuwenden, das auch auf den aufzulösenden Arbeitsvertrag angewendet wird.

Ist auf das gesamte Arbeitsverhältnis deutsches Recht anwendbar, kann auch im Entsendungsfall gemäß § 311 Abs. 1 BGB durch einen einvernehmlichen Aufhebungsvertrag beendet werden. Dabei muss nach § 623 BGB unbedingt die Schriftform beachtet werden.

Soll hingegen nur der Entsendevertrag aufgelöst werden oder unterliegt er gar einer anderen Rechtsordnung als der Grundarbeitsvertrag, muss zunächst geprüft werden, ob nach diesem Recht die Vereinbarung eines Aufhebungsvertrages möglich ist. Unter Umständen sind hierfür weitere

Voraussetzungen zu erfüllen. Das gleich gilt, wenn das Arbeitsverhältnis insgesamt ausländischem Recht unterliegt.

Der Vorteil des Aufhebungsvertrages gegenüber der Kündigung besteht darin, dass neben der Auflösung des Arbeitsverhältnisses auch weitere Vereinbarungen getroffen werden können. Zu nennen sind hier die Kostenübernahme für die Unterkunft des Entsandten im Gastland, die Kostenübernahme für den Umzug, die Weiterzahlung des Gehalts für einen gewissen Zeitraum etc. Weiterhin sind weder Arbeitgeber noch Arbeitnehmer zur Einhaltung von Fristen verpflichtet und auch der Betriebsrat, falls dieser besteht, muss nicht vorher eingebunden werden.

12.6 Anwendbarkeit des Betriebsverfassungsgesetzes/ Sprecherausschussgesetzes während der Entsendung

Grundsätzlich erstreckt sich der Anwendungsbereich des *Betriebsverfassungsgesetzes (BetrVerfG)* aufgrund des geltenden Territorialprinzips nur auf in Deutschland gelegene Unternehmen. Eine eventuelle Rechtswahl zugunsten oder gegen das deutsche Recht ist für die Anwendbarkeit des BetrVerfG unschädlich. Somit ist eine Anwendung auf im Ausland gelegene Betriebe nicht möglich.

Die Anwendung für im Ausland tätige, aber weiterhin einem inländischen Betrieb zuzuordnende Arbeitnehmer wird als gegeben angesehen.

Bei der Beurteilung der Betriebszugehörigkeit kann nicht auf die Dauer der Auslandstätigkeit abgestellt werden. Vielmehr ist entscheidend, ob die Tätigkeit des Arbeitnehmers der inländischen betrieblichen Arbeitsorganisation zuzuordnen ist und ob ein Arbeitsvertrag mit dem inländischen Betrieb besteht. Aus diesem Grund ist es auch unschädlich für die Anwendbarkeit des BetrVerfG, wenn ein Mitarbeiter nur zum Zwecke der Entsendung ins Ausland eingestellt wird.

Einen weiteren Anhaltspunkt für die Zuordnung des Mitarbeiters zum inländischen Betrieb stellt das Recht des Arbeitgebers auf Rückruf des Mitarbeiters dar. Entscheidend ist hierbei die vertraglich vereinbarte Möglichkeit des Rückrufs, nicht dessen Wahrnehmung.

Die Betriebszugehörigkeit der Arbeitnehmer kann nicht vom Arbeitsort oder Arbeitsvertragsstatut abhängig gemacht werden, sondern ist eine Folge der Einstellung selbst. Damit wird der persönliche Anwendungsbereich des BetrVerfG erweitert und findet auch auf entsandte Mitarbeiter, die dem inländischen Betrieb zuzuordnen sind, Anwendung.

Konkret bedeutet dies, dass z.B. auch ins Ausland entsandte Mitarbeiter bei der Wahl des Betriebsrates wahlberechtigt und auch wählbar sind. Demnach gehören sie auch zu den wahlberechtigten Arbeitnehmern, deren Anzahl gemäß § 9 BetrVerfG die Zahl der Betriebsratsmitglieder beeinflusst.

Die Mitarbeiter oder ggf. Betriebsratsmitglieder können auch an Betriebsversammlungen teilnehmen – allerdings kann für die Entsandten keine Betriebsversammlung im Ausland abgehalten werden, da sie, wie oben gezeigt, dem inländischen Betrieb zuzuordnen sind.

Betriebsvereinbarungen, die gemäß § 77 BetrVerfG abgeschlossen wurden, gelten für die entsandten Mitarbeiter genauso, wie für die im Inland beschäftigten Kollegen. Ebenso verhält es sich bei Interessenausgleich und Sozialplan (§ 112 BetrVerfG).

Auch bei personellen Einzelmaßnahmen, die den entsandten Mitarbeiter betreffen, hat der Betriebsrat Mitbestimmungsrechte, wenn das Unternehmen in der Regel mehr als 20 wahlberechtigte Arbeitnehmer beschäftigt. So ist er über die Einstellung und Eingruppierung eines neuen Mitarbeiters zu unterrichten, auch wenn dieser nur zum Zweck der Entsendung eingestellt wird (§ 99 Abs. 1 Satz 1 BetrVerfG).

Der Betriebsrat ist selbst dann bei der Kündigung eines Mitarbeiters gemäß § 102 Abs. 1 BetrVerfG zu hören, wenn dieser nicht nur vorübergehend im Ausland eingesetzt wird, jedoch nach wie vor dem Inlandsbetrieb zuzuordnen ist.

Entsendungen sind gemäß § 95 Abs. 3 BetrVerfG als Versetzung im Sinne des BetrVerfG anzusehen. Schon die Zuweisung eines anderen als des gewöhnlichen Arbeitsortes, die entweder voraussichtlich länger als einen Monat dauert und/oder mit erheblichen Änderungen der Umstände verbunden ist, stellt eine Versetzung im Sinne des Gesetzes dar. Demnach ist der Betriebsrat auch über geplante Auslandseinsätze und die Personalauswahl für die entsprechende Stelle zu informieren. Sollte während des Auslandseinsatzes eine Umgruppierung des entsandten Mitarbeiters vorgenommen werden, ist auch hier der Betriebsrat zu unterrichten.

Merke: Auch bei der Vertragsgestaltung des Entsendevertrages kann eine Beteiligung des Betriebsrates notwendig werden. Wird einem Mitarbeiter erst gekündigt, um ihn dann mit einem Entsendevertrag neu einzustellen, hat der Betriebsrat sowohl bei der Kündigung als auch bei der Neueinstellung ein Mitbestimmungsrecht!

In diesem Zusammenhang ist auch auf die Problematik der Einstufung von entsandten Mitarbeitern als leitende Angestellte hinzuweisen, da diese im Ausland meist hierarchisch höhere Positionen besetzen, als im Stammhaus. Sollten sie allerdings eines der Merkmale eines leitenden Angestellten im Sinne des § 5 Abs. 3, 4 BetrVerfG erfüllen, ist die Anwendung dieses Gesetzes ausgeschlossen. Zur Beurteilung der dort genannten Tatbestandsmerkmale muss auf deren Relevanz für das inländische Arbeitsverhältnis abgestellt werden.

Das *Sprecherausschussgesetz (SprAuG)* ist ebenso wie das BetrVerfG in seinem Geltungsbereich grundsätzlich auf Deutschland beschränkt. Eine Anwendung auf im Ausland liegende Betriebe ist nicht möglich.

Analog der Ausstrahlung des BetrVerfG auf vorübergehend entsandte Mitarbeiter behalten auch vorübergehend entsandte leitende Angestellte ihre Rechte aus dem SprAuG, wenn keine Eingliederung in den ausländischen Betrieb erfolgt. Folglich sind auch bei Entsendungen die Bestimmungen, insbesondere die Wahlvorschriften (§§ 3-10 SprAuG), Versammlungsvorschriften (§ 15 SprAuG) und die Vorschriften bezüglich der Mitwirkung des Sprecherausschusses §§ 25-32 zu beachten. Bei Nichtbeachtung kommen die Straf- und Bußgeldvorschriften der §§ 34 ff. SprAuG zum Tragen.

12.7 Tarifvertragsrecht

Bei Entsendungen können sich Probleme hinsichtlich der Anwendbarkeit von deutschen Tarifverträgen ergeben. Fraglich ist, ob ein deutscher Tarifvertrag bei einer Auslandsentsendung Wirkung entfalten kann und wenn ja, welches Recht dem Tarifvertrag zugrund gelegt werden muss. Grundsätzlich ist davon auszugehen, dass ein deutscher Tarifvertrag durchaus auch entsandte Mitarbeiter erfassen kann. Nach der Rechtsprechung können deutsche Tarifverträge aus ausschließlich für im Ausland Tätige abgeschlossen werden, da Tarifverträge dem Privatrecht zuzuordnen sind. Daher existiert keine territoriale Beschränkung der Tarifautonomie.

Die neue EG-Verordnung für grenzüberschreitende Verträge (Rom I-VO) sieht keine ausdrückliche Regelung bezüglich der Anwendbarkeit des Tarifrechts vor. Kollektiv-rechtliche Vereinbarungen werden von dieser Vorschrift nicht erfasst. Lediglich die für „allgemeinverbindlich" erklärten Tarifverträge zählen zu den zwingenden Arbeitnehmerschutzvorschriften, die gemäß Art. 8 Rom I-VO durch die Rechtswahl der Parteien nicht dazu führen dürfen, dass dem Arbeitnehmer der Schutz entzogen wird, der ihm durch Bestimmungen gewährt wird, von denen nach dem Recht, das nach den Abs. 2, 3 und 4 des Artikels mangels einer Rechtswahl anzuwenden wäre. Die herrschende Meinung geht davon aus, dass sich die Anwendbarkeit des Tarifvertragsrechts nach dem Arbeitsvertragsstatut richtet. Folgt man der Rechtsprechung, die die Tarifverträge insgesamt dem Privatrecht zuordnet, so muss es auch den Tarifvertragsparteien möglich sein, das Rechtsstatut des Tarifvertrages vereinbaren zu können.

Wegen des *Grundsatzes der Parteiautonomie* können sich Tarifverträge auch ausdrücklich auf entsandte Arbeitnehmer beziehen bzw. diese in den Geltungsbereich mit einbeziehen. Ist der Geltungsbereich des entsprechenden Tarifvertrages nicht derart erweitert, so sind für die Entsandten die Bestimmungen anzuwenden, die auch für die Auslandstätigkeit als sachlich sinnvoll erachtet werden kann.

Die Tariffähigkeit, also die Fähigkeit Tarifverträge abschließen zu können, sowie die Tarifbindung, somit die Pflicht zur Einhaltung des Tarifvertrages, richtet sich nach allgemeiner Auffassung nach dem Tarifvertragsstatut. Liegt der Regelungsschwerpunkt des Tarifvertrages in Deutschland und werden Auslandssachverhalte lediglich mitgeregelt, so richtet sich die Tarifgebundenheit nach deutschem Recht. Hiernach liegt eine Tarifgebundenheit der Arbeitsvertragsparteien vor, wenn:

- der Arbeitgeber entweder selbst Tarifvertragspartei oder Mitglied einer solchen und der Arbeitnehmer Mitglieder der den Tarifvertrag abschließenden Gewerkschaft ist (§§ 3, 4 Abs. 1 TVG)
- der Tarifvertrag für allgemein verbindlich erklärt wurde (§ 5 Abs. 4 TVG) oder
- die Arbeitsvertragsparteien die Geltung eines bestimmten Tarifvertrages individuell vereinbaren.

Ausländisches Recht kann jedoch bestimmen, dass Tarifverträge auch dann auf das Arbeitsverhältnis anzuwenden sind, wenn keine der Voraussetzungen des deutschen Rechts vorliegt. So reicht für die zwingende Anwendung eines Tarifvertrages in verschiedenen Ländern, wie z. B. Belgien, Frankreich, Italien, Luxemburg, Österreich, Großbritannien, Polen, USA etc., lediglich die Tarifgebundenheit des Arbeitgebers aus.

Laut Rechtsprechung hat die Muttergesellschaft eines internationalen agierenden Konzerns eine *„Einwirkpflicht"* auf ausländische Tochtergesellschaften. Wird die Tochtergesellschaft, wie eine abhängige Abteilung beherrscht und stellt sie nur aus Gründen des internationalen Rechts eine selbstständige Gesellschaft dar, hat die Muttergesellschaft dahingehend auch auf die selbstständige Tochtergesellschaft einzuwirken, dass diese einen z. B. bestehenden Haustarifvertrag der Muttergesellschaft in seinen Regelungen ebenfalls anwendet.

Die Einwirkpflicht findet jedoch ihre Grenzen in dem zwingenden ausländischen Recht. Es ist dafür zu sorgen, dass die Mitarbeiter im Ausland die gleichen Arbeitsbedingungen vorfinden, wie sie der entsprechende deutsche Tarifvertrag vorsieht, wenn dieser nicht zwangsläufig zur Anwendung kommt.

Merke: Zwingende Vorschriften des Gastlandes können ebenso wenig durch Rechtswahl oder Anwendung des deutschen Tarifvertrages ausgeschlossen werden, wie deutsche zwingende Vorschriften. Solche Normen, wie z. B. die Eingriffsnorm Art. 9 ROM I-VO, haben folglich Vorrang vor Tarifverträgen. Möglich ist daher, dass das nationale Recht des Gastlandes die Wirkung des deutschen Tarifvertrages einschränkt oder nicht anerkennt.

13 Entsendung innerhalb der EU

Bei Entsendungen innerhalb der Europäischen Union ist neben den nationalen gesetzlichen Vorschriften von Gast- und Heimatland und internationalen Abkommen auch das Recht der Europäischen Union zu beachten. Die Bestimmungen des *Primärrechts* (die Gründungs-Verträge der Europäischen Gemeinschaft) und auch das *Sekundärrecht* (Art. 249 EGV: Verordnung, Richtlinien, Entscheidungen, Empfehlungen und Stellungnahmen) müssen eingehalten werden.

Bei Entsendungen sind hier vor allem die *Entsenderichtlinie* (RL 96/71/EG) und die Verordnung (EG 593/2008) über das auf vertragliche Schuldverhältnisse anzuwendende Recht (ROM I-VO) zu beachten. Auf die *Nachweisrichtlinie* (RL 91/533), die in Deutschland mit dem NachwG umgesetzt wurde, wurde bereits eingegangen.

Auch die Verordnung bezüglich der gerichtlichen Zuständigkeit und der Anerkennung und Vollstreckung von Entscheidungen in Zivil- und Handelssachen wurde bereits erwähnt.

Auf die sich aus dem Primärrecht ergebenden Rechte der Arbeitnehmer (insbesondere Freizügigkeit, Niederlassungsfreiheit und Dienstleistungsfreiheit) wird hier nicht näher eingegangen, da sich hieraus keine Besonderheiten ergeben. Grundsätzlich bleibt festzuhalten, dass Gemeinschaftsrecht ein zwingendes Recht im Sinne von Art. 9 ROM I-VO darstellt und somit nicht durch Rechtswahl in seiner Anwendung ausgeschlossen werden kann. Deshalb soll kurz die Entsenderichtlinie dargestellt werden, da die ROM I-VO bereits zuvor erwähnt wurde.

13.1 Richtlinie 96/71/EG Entsenderichtlinie (AEntRL)

Am 16.12.1996 wurde die Richtlinie 96/71/EG des Europäischen Parlaments und des Rates über die Entsendung von Arbeitnehmern im Rahme der Erbringung von Dienstleistungen verabschiedet.

Sie bezweckt *"die Ausräumung von Hindernissen und Ungewissheiten, die geeignet sind, die Verwirklichung der Dienstleistungsfreiheit zu beeinträchtigen, indem sie für mehr Rechtssicherheit sorgt und die Feststellung erlaubt, welche Arbeitsbedingungen für Arbeitnehmer gelten, die vorübergehend in einem anderen Mitgliedsstaat als dem arbeiten, dessen Rechtsvorschriften ihr Arbeitsverhältnis unterliegt."*

Folglich soll die Ausübung der Dienstleistungsfreiheit innerhalb der EU erleichtert werden.

Sie schützt aber auch inländische Arbeitgeber und Arbeitnehmer vor Wettbewerbsverzerrung infolge der Entsendung von Arbeitnehmern aus Ländern mit einem niedrigen Lohnniveau (z.b. von Portugal oder Griechenland nach Deutschland). Dies wird zum Teil als Beschränkung der Dienstleistungsfreiheit und somit als nicht rechtmäßig gesehen, worauf an dieser Stelle nicht näher eingegangen werden soll.

Die Richtlinie enthält keine materialen Regelungen, somit führt sie nicht zu einer Harmonisierung des Arbeitsrechts innerhalb der Gemeinschaft.

Erfasst werden von der Richtlinie Arbeitsverhältnisse aller Art. In Art. 3 Abs. 2, 3 und 4 AEntRL werden Ausnahmen beschrieben, innerhalb derer die Mindestarbeitsbedingungen der Mitgliedsstaaten nicht zwingend auf entsandte Mitarbeiter anzuwenden sind. Diese gelten jedoch nur in bestimmten Fällen und wenn die Entsendung nicht länger als acht Tage, bzw. einen Monat (siehe Abs. 3 und 4) dauert.

Zur gerichtlichen Durchsetzungen der Mindestarbeitsbedingungen kann der Arbeitnehmer zusätzlich zu dem Gerichtsstand nach dem EuGVVO oder einem anderen internationalen Abkommen gemäß Art. 6 AEntRL in dem Mitgliedstaat Klage erheben, in den er entsandt wurde bzw. war.

Nach Art. 4 AEntRL hat jeder Mitgliedstaat die Einhaltung der Mindestarbeitsbedingungen zu überwachen. Der persönliche Anwendungsbereich der Richtlinie erstreckt sich gemäß Art. 1 Abs. 1 auf alle Unternehmen mit Sitz in einem Mitgliedsstaat, die Arbeitnehmer zum Zweck der Erbringung von Dienstleistungen entsenden. Um Unternehmen mit Sitz in einem Drittstaat nicht besser zu stellen, garantiert die Richtlinie, dass diesen keine günstigere Behandlung zukommen darf, als solchen Unternehmen, die unter Art. 1 Abs. 1 fallen.

Von der Richtlinie nicht erfasst werden Schiffsbesatzungen von Unternehmen der Handelsmarine.

Entsandte Arbeitnehmer sind gemäß Art. 2 Abs.1 alle, die für einen begrenzten Zeitraum ihre Arbeitsleistung in einem anderen Mitgliedstaat der EU erbringen. Der Arbeitnehmerbegriff wird gemäß Art. 2 Abs. 2 nach dem Recht des Landes definiert, in das der Arbeitnehmer entsandt wird. Dies kann dazu führen, dass ein Mitarbeiter in einem Land als Arbeitnehmer gilt, während er in einem anderen Land z. B. den Status eines Selbstständigen hat.

Wie lange eine Entsendung nach der AEntRL andauern darf ist nicht definiert. Folglich kann der Arbeitnehmer auch über mehrere Jahre hinweg im europäischen Ausland arbeiten, wenn grundsätzlich eine Befristung vorliegt.

Nach Art. 1 Abs. 3 AEntRL fallen

- Entsendungen zur Ausübung von Dienst- und Werkverträgen im Namen und unter der Leitung des inländischen Arbeitgebers,
- konzerninterne Entsendungen und
- grenzüberschreitende Leiharbeit

in den sachlichen Anwendungsbereich der Richtlinie, wenn jeweils mindestens für die Dauer der Entsendung ein Arbeitsverhältnis zwischen entsendendem Unternehmen und Arbeitnehmer besteht und die Entsendung in das Hoheitsgebiet eines anderen Mitgliedsstaates der EU erfolgt. Dabei darf für die Dauer der Entsendung keine direkte arbeitsvertragliche Beziehung zwischen dem Arbeitnehmer und dem ausländischen Unternehmen zustande kommen oder bestehen. Auf den Zusammenhang der Richtlinie und dem am 06.02.1996 in Kraft getretenen Arbeitnehmerentsendegesetz in Deutschland wird hier nicht näher eingegangen, da das Arbeitnehmerentsendegesetz die Arbeitsbedingungen für nach Deutschland entsandte Arbeitnehmer (§ 1 AEntG) regelt, und somit keinen Einfluss auf die Entsendung deutscher Arbeitnehmer ins Ausland hat.

Steuerrechtliche Aspekte der Auslandsentsendung

14 Grundlagen des deutschen Steuerrechts

14.1 Grundlagen des deutschen Steuerrechts

Wird ein Arbeitnehmer für seinen inländischen Arbeitgeber im Ausland tätig, stellt sich aus steuerrechtlicher Sicht die Fragen, ob er seinen Verdienst weiterhin im Inland oder nunmehr im Tätigkeitsstaat zu versteuern hat.

14.1.1 Unbeschränkte Steuerpflicht

Die Frage, wer in Deutschland einkommensteuerpflichtig ist, regelt § 1 EStG. Hiernach sind alle natürlichen Personen unbeschränkt einkommensteuerpflichtig, die im Inland ihren Wohnsitz oder gewöhnlichen Aufenthalt haben. Dies ist beispielsweise bei Arbeitnehmern der Fall, die im Ausland arbeiten, aber in Deutschland wohnen (sog. Grenzpendler). Allerdings werden häufig auch Arbeitnehmer, die während der Entsendung im Ausland wohnen, im Inland ihren Wohnsitz beibehalten – beispielsweise, wenn die Familie des entsandten Arbeitnehmers in Deutschland wohnen bleibt oder der Arbeitnehmer nur für einen kurzen Zeitraum ins Ausland entsendet wird.

Beispiele:

- Ein Unternehmen entsendet den Arbeitnehmer A nach Frankreich. Er kehrt jedoch täglich nach Beendigung der Arbeit täglich in seine in Deutschland liegende Wohnung zurück (Grenzpendler).
- Arbeitnehmer B wird für einen Zeitraum von zwei Monaten nach Dänemark entsendet. B behält aufgrund der kurzen Entsendedauer seine Wohnung in Deutschland.
- Arbeitnehmer C wird für einen längeren Zeitraum nach Spanien entsendet. Seine Familie bleibt in der bisherigen Wohnung in Deutschland.

In allen drei Fällen behält der Arbeitnehmer seinen inländischen Wohnsitz. Er erfüllt damit die Voraussetzungen der unbeschränkten Steuerpflicht in Deutschland. Dies führt dazu, dass sämtliche – auch die während der Entsendung erzielten – Einkünfte der Besteuerung in Deutschland unterliegen (sog. *Welteinkommensprinzip*).

14.1.1.1 Wohnsitz

Die unbeschränkte Steuerpflicht wird in der Praxis am häufigsten durch das Vorliegen eines Wohnsitzes im Inland begründet. Nach § 8 Abgabenordnung (AO) hat jemand *dort seinen Wohnsitz, wo er eine Wohnung unter Umständen innehat, die darauf schließen lassen, dass er die Wohnung beibehalten und benutzen wird.* Die Vorschrift enthält damit mehrere Voraussetzungen, die kumulativ vorliegen müssen.

Voraussetzungen für das Vorliegen eines Wohnsitzes sind:

1. Vorliegen einer Wohnung,
2. Innehabung der Wohnung,
3. Vorliegen von objektiven Umständen, die darauf hindeuten, dass der Arbeitnehmer die Wohnung behält und benutzt.

Unter einer Wohnung sind alle Räumlichkeiten zu verstehen, die zum Wohnen geeignet sind. Aus diesem Grund kann auch lediglich ein möbliertes Zimmer eine Wohnung im Sinne von § 8 AO darstellen.

Der Arbeitnehmer hat eine Wohnung inne, wenn ihm die tatsächliche Verfügungsmacht zusteht, er also den Wohnungsschlüssel besitzt und die Wohnung jederzeit benutzen kann. Es ist unerheblich, ob er Mieter oder Eigentümer der Wohnung ist.

Darüber hinaus müssen Umstände dafür vorliegen, dass der Mitarbeiter die Wohnung beibehalten und benutzen wird. Hierbei muss es sich um nachprüfbare Umstände handeln. Als solche kommen beispielsweise der Inhalt des Arbeitsvertrags sowie die Laufzeit des Mietvertrags in Betracht. Zudem ist ein gewisses Zeitmoment von Bedeutung.

Diesbezüglich ist jedoch zwischen der Begründung und der Auflösung eines Wohnsitzes zu unterscheiden. Bei einer Begründung müssen die Umstände auf ein Beibehalten von mindestens sechs Monaten hindeuten und die jährliche Nutzung sollte wenigstens einige Wochen umfassen, wobei die genaue Zahl nicht eindeutig festgelegt ist. Bei der Auflösung eines Wohnsitzes gibt es dagegen keine festen zeitlichen Regeln.

Wird ein Mitarbeiter ins Ausland entsandt und lässt er seine inländische Wohnung im Wesentlichen unverändert bestehen, geht der BFH davon aus, dass hier weiterhin ein Wohnsitz besteht, unabhängig davon wie lange der Mitarbeiter im Ausland ist und wie häufig er die Wohnung in dieser Zeit tatsächlich nutzt.

14.1.1.2 Gewöhnlicher Aufenthalt

Neben dem Wohnsitz kann auch der gewöhnliche Aufenthalt die unbeschränkte Steuerpflicht begründen. Gemäß § 9 Satz 1 AO wird in Deutschland dann ein gewöhnlicher Aufenthalt begründet, wenn man sich hier unter Umständen aufhält, die erkennen lassen, dass der Aufenthalt nicht nur vorübergehend ist.

Entscheidend für die Begründung eines gewöhnlichen Aufenthalts ist die Dauer des Aufenthalts. Gemäß § 9 Satz 2 AO wird ein gewöhnlicher Aufenthalt vermutet, *wenn sich eine Person länger als sechs Monate im Inland aufhält*. Dabei spielt es keine Rolle, ob die sechs Monate in ein oder zwei Kalenderjahre fallen. Der 6-monatige Aufenthalt muss grundsätzlich zusammenhängend sein. Allerdings ist eine kurzfristige Unterbrechung unbeachtlich. Je enger der Zusammenhang zwischen dem Grund der Unterbrechung und der ursprünglichen Tätigkeit ist, desto länger darf sie sein. Diesbezüglich ist auf den jeweiligen Einzelfall abzustellen. Zulässig ist eine Unterbrechung von zwei bis maximal vier Wochen.

14.1.2 Beschränkte Steuerpflicht

Besitzt der ins Ausland entsandte Mitarbeiter in Deutschland weder einen Wohnsitz noch einen gewöhnlichen Aufenthalt, so entfällt in Deutschland die unbeschränkte Steuerpflicht nach § 1 Abs. 1 EStG. Die im Rahmen der Entsendung erzielten Erlöse unterliegen jedoch der beschränkten Steuerpflicht, sofern die Voraussetzungen des § 49 Abs. 1 Nr. 4 EStG vorliegen. Dies ist insbesondere der Fall, wenn die Tätigkeit im Inland ausgeübt oder dort verwertet wird.

Der Mitarbeiter übt seine Tätigkeit in Deutschland aus, wenn er hier persönlich tätig wird. Falls der Mitarbeiter also während der Auslandsentsendung in Deutschland arbeitet, unterliegt er mit diesem Verdienst der beschränkten Einkommensteuer. Dies gilt unabhängig davon, wer den Mitarbeiter bezahlt. Allein die Tatsache der Arbeitsausübung im Inland löst die beschränkte Steuerpflicht aus. Tage, an denen sich der entsandte Mitarbeiter in Deutschland aufhält, ohne hier zu arbeiten, begründen dagegen keine deutsche Steuerpflicht.

Falls der Mitarbeiter seine Tätigkeit ausschließlich im Ausland ausübt, kann die (beschränkte) deutsche Einkommensteuerpflicht dennoch begründet werden. Dies ist dann der Fall, wenn die Arbeit im Inland verwertet wird.

Beispiel:

Der ins Ausland entsandte Arbeitnehmer A erstellt Marktanalysen, die dem inländischen Unternehmen dazu dienen, neue Marktstrategien zu entwickeln.

14.2 Entsendung in einen DBA-Staat

14.2.1 Allgemeines

Entsendet ein Unternehmen einen Mitarbeiter ins Ausland und ist dieser weiterhin in Deutschland ansässig, kommt es grundsätzlich zu Besteuerungsansprüchen zweier Staaten und damit zu einer Doppelbesteuerung. Eine solche doppelte Besteuerung führt für den Steuerpflichtigen zu einer übermäßigen finanziellen Belastung, wodurch eine wirtschaftliche Betätigung im Ausland erschwert wird. Aus diesen Gründen ist es wichtig, eine Doppelbesteuerung zu verhindern.

Eine Maßnahme zur Vermeidung dieser Belastung ist die Vereinbarung sog. *Doppelbesteuerungsabkommen (DBA)*. Hierbei handelt es sich um völkerrechtliche Verträge zwischen zwei Staaten, in denen geregelt wird, in welchem Umfang den Vertragsstaaten das Besteuerungsrecht zusteht. Daraus, dass solche Doppelbesteuerungsabkommen jeweils zwischen zwei Staaten ausgehandelt werden, ergibt sich, dass die verschiedenen Abkommen zum Teil erheblich voneinander abweichen. Lösungen, die bei einer Auslandsentsendung zwischen Deutschland und Land A gefunden wurden, können daher nicht unbesehen auf den Fall einer Entsendung zwischen Deutschland und Land B übertragen werden. Jeder Einzelfall ist daher neu zu prüfen.

Andererseits folgen die meisten Doppelbesteuerungsabkommen einem gewissen Grundschema. Vorlage ist häufig ein von der OECD erarbeitetes Musterabkommen, das in erster Linie die Verhandlungssituation zwischen Industriestaaten behandelt. Die UN hat ein Musterabkommen entwickelt, das für Verhandlungen zwischen Industrie- und Entwicklungsstaaten herangezogen werden kann.

Doppelbesteuerungsabkommen sind nur dann anwendbar, wenn der Mitarbeiter wenigstens in einem der beiden Vertragsstaaten ansässig ist.

Auch im Ausland existieren hierfür entsprechende Regelungen. Regelmäßig wird die Ansässigkeit auch dort über eine Wohnung und/oder eine gewisse Aufenthaltsdauer begründet. Im Rahmen einer Auslandsentsendung können sich daher folgende Konstellationen ergeben:

- der Mitarbeiter ist sowohl im Heimat- als auch im Tätigkeitsstaat ansässig
- der Mitarbeiter ist lediglich im Heimatstaat ansässig
- der Mitarbeiter ist lediglich im Tätigkeitsstaat ansässig
- der Mitarbeiter ist weder im Heimat- noch im Tätigkeitsstaat ansässig

14.2.1.1 Ansässigkeit in beiden Abkommensstaaten

Das Erfordernis der Ansässigkeit in nur einem der beiden Staaten wird dann zu einer Konfliktsituation, wenn der Mitarbeiter in beiden Ländern ansässig ist. Das Doppelbesteuerungsabkommen würde dann keine Lösung bieten. Aus diesem Grund ist in den meisten Doppelbesteuerungsabkommen eine sog. „Tie-Breaker-Regel" enthalten. Hierbei wird zunächst auf das Vorhandensein einer ständigen Wohnstätte abgestellt. Ist eine solche in beiden Staaten vorhanden, gilt der Staat als Ansässigkeitsstaat, zu dem der Arbeitnehmer engere persönliche und wirtschaftliche Beziehungen. Ist ein Lebensmittelpunkt nicht feststellbar, ist auf die Staatsangehörigkeit abzustellen. Ist auch hiernach eine Entscheidung nicht möglich, regeln die zuständigen Finanzbehörden der Vertragsstaaten die Frage der Ansässigkeit im gegenseitigen Einvernehmen.

Prüfungsschema der „Tie-Breaker-Regel":

1. Wohnstätte

Der Staat soll als Wohnsitz gelten, in dem der Mitarbeiter über eine ständige Wohnstätte (=Wohnsitz) verfügt. Hat er in beiden Staaten einen Wohnsitz folgt Schritt zwei:

2. Lebensmittelpunkt

Der Staat soll als Wohnsitzstaat gelten, in dem sich der Lebensmittelpunkt des Mitarbeiters befindet. Hierüber entscheidet das Gesamtbild der Verhältnisse. Zu prüfen sind dabei wirtschaftliche (Wo wird das laufende Einkommen erzielt? Wo liegt überwiegend das Vermögen?) und soziale Aspekte (Wo ist der Mitarbeiter starker in das soziale Leben eingebunden?).

3. Staatsangehörigkeit

Der Staat soll als Wohnsitzstaat gelten, dessen Staatsbürgerschaft der Mitarbeiter innehat.

4. Einigung der Finanzbehörden

Führt auch die 4. Frage zu keinem Ergebnis, müssen sich die Finanzverwaltungen der beiden Länder darüber einigen, welcher der Wohnsitzstaat sein soll.

14.2.1.2 Ansässigkeit im Heimatland

Ist der entsandte Arbeitnehmer nur im Heimatland tätig, liegt die gesamte Besteuerungskompetenz im Inland. Zusätzlich besteht im ausländischen Staat hinsichtlich der dort erzielten Einkünfte eine beschränkte Steuerpflicht.

14.2.1.3 Ansässigkeit im Tätigkeitsstaat

Ist der Mitarbeiter lediglich im Tätigkeitsstaat ansässig, liegt die Kompetenz zur Besteuerung der weltweiten Einkünfte im Ausland. Der beschränkten Steuerpflicht im Inland unterliegen lediglich die Einkünfte, die im Sinne von § 49 EStG einen gewissen Bezug zum Inland haben.

14.2.1.4 Ansässigkeit in keinem der beiden Abkommensstaaten

Ist der Arbeitnehmer weder im Heimat- noch im Tätigkeitsland ansässig, besteuern die jeweiligen Staaten die Einkünfte, die ihrem Land zuzurechnen sind. Ein unter Umständen bestehendes Doppelbesteuerungsabkommen ist nicht anwendbar. Der Fall ist so zu behandeln, als gäbe es keine Doppelbesteuerungsabkommen.

14.2.2 Zuweisung des Besteuerungsrechts bei Einkünften aus nichtselbstständiger Arbeit

Jedes Doppelbesteuerungsabkommen enthält eine allgemeine Vorschrift zur Zuweisung des Besteuerungsrechts bei Einkünften aus nichtselbstständiger Arbeit. Daneben gibt es häufig Spezialvorschriften für verschiedene Mitarbeitertypen. So enthält das OECD-Musterabkommen Sonderregelungen für leitende Angestellte, Grenzgänger, Schiffs- und Flugpersonal, Künstler, Sportler, Beamte, Leiharbeitnehmer, Studenten und Lehrlinge. Handelt es sich um einen dieser Mitarbeitertypen, ist zunächst zu prüfen, ob das einschlägige Doppelbesteuerungsabkommen für diesen Mitarbeitertyp eine Sonderregelung enthält. Ist dies nicht der Fall, kommt die allgemeine Vorschrift des jeweiligen Doppelbesteuerungsabkommens zur Anwendung.

Diese ist grundsätzlich dreistufig aufgebaut: *Grundregel, die Ausnahme davon und anschließend die Rückausnahme.*

14.2.2.1 Grundsatz

Grundsätzlich wird das Besteuerungsrecht dem Staat zugewiesen, in dem der entsandte Arbeitnehmer ansässig ist *(Ansässigkeitsstaatsprinzip).*

14.2.2.2 Ausnahme

Allerdings kommt dieser Grundsatz nicht zur Anwendung, wenn die Tätigkeit des entsandten Mitarbeiters physisch in einem anderen Staat ausgeübt wird. In diesem Fall wird das Besteuerungsrecht, für die auf diese Tätigkeit entfallenden Einkünfte, dem Tätigkeitsstaat zugewiesen (*Tätigkeitsstaatsprinzip*).

Beispiel:

Ein inländisches Unternehmen entsendet Arbeitnehmer A für einen Zeitraum von drei Monaten nach Frankreich. Aufgrund der kurzen Entsendedauer behält A seine Wohnung in Deutschland.

Frankreich ist aufgrund des Doppelbesteuerungsabkommens mit Deutschland daher grundsätzlich berechtigt, die von A während der Entsendung erzielten Einkünfte zu versteuern.

14.2.2.3 Rückausnahme

Auch wenn der Mitarbeiter seine Arbeit körperlich im Tätigkeitsstaat ausübt, schwingt das Besteuerungsrecht zum Wohnsitzstaat zurück, wenn alle drei Bedingungen der sog. *„183-Tage-Regel"* erfüllt sind. Liegt auch nur eine der drei Voraussetzungen nicht vor, bleibt es beim Besteuerungsrecht des Tätigkeitsstaates.

Voraussetzungen der „183-Tage-Regel" sind:

- der Arbeitnehmer hält sich im Tätigkeitsstaat nicht länger als 183 Tage während des im DBA genannten Zeitraums auf und
- die Vergütungen werden von einem Arbeitgeber gezahlt, der nicht im Tätigkeitsstaat ansässig ist und
- die Vergütungen werden nicht von einer Betriebsstätte oder einer festen Einrichtung getragen, die der Arbeitgeber im Tätigkeitsstaat hat.

14.2.2.3.1 Aufenthalt von 183 Tagen

Erste Voraussetzung der 183-Tage-Regel ist, dass sich der Arbeitnehmer nicht länger als 183 Tage im Tätigkeitsstaat aufhalten darf. Diesbezüglich ist zu beachten, dass zwar ein Großteil der Doppelbesteuerungsabkommen auf die Aufenthaltsdauer im Tätigkeitsstaat abstellt. Es gibt allerdings auch Abkommen, die auf die Ausübung der Tätigkeit abstellen (z. B. das DBA mit Dänemark).

Bei der Berechnung der Aufenthaltsdauer werden grundsätzlich alle Tage mit einbezogen, an denen sich der entsandte Mitarbeiter tatsächlich im Tätigkeitsstaat befindet.

Als Aufenthaltstage werden daher mitgezählt:

- Ankunfts- und Abreisetag
- alle Tage der Anwesenheit vor, während und unmittelbar nach der Tätigkeit, z. B. Samstage, Sonntage, Feiertage
- Tage der Anwesenheit während Arbeitsunterbrechungen, z. B. Streik, Aussperrung
- Urlaubstage, die unmittelbar vor, während und unmittelbar nach der Tätigkeit im Tätigkeitsstaat verbracht werden.

Beispiele:

A ist für sein deutsches Unternehmen in Frankreich tätig. Es besteht ein Doppelbesteuerungsabkommen. Eine Betriebsstätte des Arbeitgebers existiert nicht in Frankreich.

1. A ist vom 1. Januar bis 20. Juni 2010 in Frankreich tätig.

    Die 183-Tage-Grenze ist nicht überschritten. Frankreich hat daher kein Besteuerungsrecht.

2. Direkt im Anschluss hieran verbringt er dort bis zum 15. Juli 2010 seinen Urlaub.

    Frankreich hat ein Besteuerungsrecht, weil sich A länger als 183 Tage dort aufgehalten hat. Der Urlaub wird in die Aufenthaltsdauer eingerechnet.

3. A verbringt nicht direkt im Anschluss, sondern erst im Herbst 2010 seinen Urlaub in Frankreich.

    Der Urlaubsaufenthalt ist nicht mit in die Berechnung einzubeziehen, da der Urlaub nicht im unmittelbaren Zusammenhang mit der Auslandstätigkeit steht.

Im Rahmen der Berechnung der Aufenthaltsdauer ist zu beachten, dass sich der 183-Tage-Zeitraum auf verschiedene Zeiträume erstrecken kann. Die Berechnung kann sich auf das Kalenderjahr, auf ein vom Kalenderjahr abweichendes Steuerjahr oder auf einen variablen Zeitraum von 12 Monaten beziehen. Welcher Zeitraum anwendbar ist, hängt von den Bestimmungen im jeweiligen Doppelbesteuerungsabkommen ab.

Beispiele:

1. Ein inländisches Unternehmen entsendet A vom 1. Januar bis zum 20. August nach Frankreich. Angenommen, das Doppelbesteuerungsabkommen mit Frankreich stellt bei der Berechnung des 183-Tage-Zeitraums auf das Kalenderjahr ab.

A hält sich länger als 183 Tage im Tätigkeitsstaat auf. Die 183-Tage-Regel ist nicht anwendbar. Frankreich steht das Besteuerungsrecht zu.

2. Ein inländischer Arbeitgeber entsendet B vom 1. Januar bis zum 20. August nach Spanien. Es besteht ein Doppelbesteuerungsabkommen. Angenommen, das Steuerjahr beginnt am 1. Mai und endet am 30. April.

A hält sich nicht länger als 183 Tage in Spanien auf, da die Aufenthaltstage für jedes Steuerjahr getrennt zu ermitteln sind.

Eine Ausnahme von der 183-Tage-Regelung ist die *„Grenzgängerregelung"*, die beispielsweise in den Doppelbesteuerungsabkommen mit der Schweiz, mit Frankreich und mit Österreich zu finden ist. Grenzgänger sind Arbeitnehmer, die im Grenzgebiet eines Staates wohnen, aber im Grenzgebiet des angrenzenden Staates tätig sind und sich regelmäßig morgens über die Grenze zur Arbeitsstätte begeben und abends wieder zum Wohnsitz zurückkehren. Greift die Grenzgängerregelung, so verbleibt das Besteuerungsrecht auch dann im Wohnsitzstaat, wenn die Arbeit im Tätigkeitsstaat nicht nur vorübergehend, sondern länger als 183 Tage ausgeübt wird.

14.2.2.3.2 Nichtansässigkeit des Arbeitgebers im Tätigkeitsstaat

Zweite Voraussetzung für die Anwendung der 183-Tage-Regel ist die Nichtansässigkeit des Arbeitgebers im Tätigkeitsstaat. Diesbezüglich hat der BFH entschieden, dass der Arbeitgeberbegriff wirtschaftlich auszulegen ist. Es kommt nicht darauf an, mit wem der Arbeitnehmer einen Arbeitsvertrag geschlossen hat und ob dieses Unternehmen die typischen

Arbeitgeberfunktionen, insbesondere die Gehaltszahlung ausübt, sondern wer das Gehalt des Mitarbeiters trägt.

Daneben muss noch eine gewisse organisatorische Eingliederung des Arbeitnehmers gegeben sein. Für die 183-Tage-Regel ist daher bedeutsam, ob das Unternehmen, das das Gehalt des entsandten Mitarbeiters auszahlt, den Gehaltsaufwand letztendlich auch trägt, oder ob sie ihn an eine andere Gesellschaft weiterbelastet. Bleibt der Arbeitgeber im Wohnsitzstaat des entsandten Arbeitnehmers ansässig, so ist die Voraussetzung erfüllt.

14.2.2.3.3 Keine Vergütung durch Betriebsstätte des Arbeitgebers im Tätigkeitsstaat

Dritte Voraussetzung ist, dass die Vergütung nicht von einer Betriebsstätte getragen werden darf, die der Arbeitgeber im Tätigkeitsstaat hat (sog. Betriebsstättenvorbehaltsregel). Insoweit gelten dieselben Grundsätze wie in Kapitel 4.2.2.3.2 (Nichtansässigkeit des Arbeitgebers im Tätigkeitsstaat).

14.2.3 Vermeidung der Doppelbesteuerung

Bislang wurde erläutert, wie eine Doppelbesteuerung entstehen kann und welchem Staat die Besteuerungskompetenz im Einzelfall zusteht. Noch nicht erläutert wurde, wie eine doppelte Besteuerung unterbunden werden kann.

Wird das Besteuerungsrecht ausschließlich dem Wohnsitzstaat zugeteilt, ist damit bereits die Doppelbesteuerung vermieden, weil lediglich dieser dann die Einkünfte versteuert. Steht das Besteuerungsrecht dagegen dem Tätigkeitsstaat oder beiden Staaten zu, ist noch weiter zu prüfen, wie eine Doppelbesteuerung letztendlich vermieden wird. Dabei ist es grundsätzlich Aufgabe des Wohnsitzstaates eine doppelte Besteuerung zu vermeiden.

Es gibt zwei Methoden, mit denen eine Doppelbesteuerung verhindern werden kann. Es ist zwischen der *Anrechnungsmethode* und der *Freistellungsmethode* zu unterscheiden.

14.2.3.1 Anrechnungsmethode

Bei der Anrechnungsmethode besteuert neben dem Tätigkeitsstaat auch der Wohnsitzstaat die betreffenden Einkünfte. Der Wohnsitzstaat rechnet dann aber die im Tätigkeitsstaat bezahlte Steuer auf seine Steuer an.

Beispiel:

Arbeitnehmer A hat während seiner Auslandstätigkeit Einkünfte in Höhe von 50.000 Euro erzielt. Nach dem entsprechenden Artikel des DBA steht sowohl dem Tätigkeits- als auch dem Wohnsitzstaat das Besteuerungsrecht zu. Der Steuersatz im Tätigkeitsstaat beträgt 15% und im Wohnsitzstaat 30%.

Die Steuer im Wohnsitzstaat ermittelt sich wie folgt:

Zunächst 30% von 50.000 Euro, d. h. 15.000 Euro, dann aber Anrechnung der Tätigkeitsstaatssteuer von 15% (= 7.500 Euro), daher 30% abzgl. 15% = 15% (= 7.500 Euro).

14.2.3.2 Freistellungsmethode

Bei der Freistellungsmethode stellt der Wohnsitzstaat die Einkünfte von der Besteuerung frei, d. h. er besteuert sie nicht. Dies bedeutet, dass lediglich der Tätigkeitsstaat seine Steuer erhebt.

Allerdings darf der Wohnsitzstaat bei der Freistellungsmethode regelmäßig den sog. *Progressionsvorbehalt* anwenden. Danach besteuert der Wohnsitzstaat die Einkünfte zwar nicht, er darf sie aber bei der Ermittlung des Steuersatzes berücksichtigen. Mit dem so ermittelten Steuersatz werden dann die im Wohnsitzstaat steuerpflichtigen Einkünfte besteuert.

Beispiel:

Arbeitnehmer A hat einen Jahresverdienst von 100.000 Euro erzielt. Davon entfallen 50.000 Euro auf eine Auslandstätigkeit. Der Steuersatz im Tätigkeitsstaat liegt bei 15%.

A zahlt auf die im Tätigkeitsstaat erzielten Einkünfte von 50.000 Euro 15% Steuern, also 7.500 Euro. Im Inland zahlt er lediglich auf die hier erzielten Einkünfte Steuern. Zur Ermittlung des Steuersatzes wird jedoch nicht nur der im Inland erzielte Verdienst, sondern das gesamte Jahreseinkommen zugrunde gelegt.

14.3 Entsendung in einen Nicht-DBA-Staat

Die Bundesrepublik Deutschland hat mit einer Vielzahl von Staaten Doppelbesteuerungsabkommen abgeschlossen. Daneben gibt es allerdings auch eine Reihe von Ländern, mit denen bislang keine Doppelbesteuerungsabkommen vereinbart worden sind. Hierzu zählen beispielsweise Libyen, Peru und Chile.

Fehlt es zwischen Entsende- und Tätigkeitsstaat an einem Doppelbesteuerungsabkommen, sind die Fragen, nach der Besteuerungskompetenz bzw. der Vermeidung einer Doppelbesteuerung ausschließlich nach den nationalen Steuervorschriften zu entscheiden.

Eine Doppelbesteuerung kann in Deutschland durch folgende Maßnahmen gemildert bzw. beseitigt werden:

- Anrechnungsmethode, § 34c Abs. 1 EStG
- Abzugsmethode, § 34c Abs. 2, 3 EStG
- Erlassmethode, § 34c Abs. 5 EStG (Auslandstätigkeitserlass)

14.3.1 Anrechnungsmethode

Die Anrechnungsmethode ist sowohl beim Vorliegen eines Doppelbesteuerungsabkommens als auch beim Fehlen eines solchen eine Maßnahme zur Vermeidung einer Doppelbesteuerung. Fehlt ein Doppelbesteuerungsabkommen kommt die Anrechnungsmethode über § 34c Abs. 1 EStG zur Anwendung.

Bei der Anrechnungsmethode besteuert neben dem Tätigkeitsstaat auch der Wohnsitzstaat die erzielten Einkünfte. Der Wohnsitzstaat rechnet dann aber die im Tätigkeitsstaat gezahlte Steuer auf seine Steuer an. Allerdings wird jedoch höchstens der Betrag angerechnet, der nach dem deutschen Steuerrecht auf die ausländischen Einkünfte entfallen würde (Anrechnungshöchstbetrag).

Formel zur Ermittlung des Anrechnungshöchstbetrags:

$$\frac{\text{inländische Einkommensteuer} \times \text{ausländische Einkünfte}}{\text{Summe der Einkünfte}}$$

Beispiel:

Ein Arbeitnehmer erhält ein Jahreseinkommen von 100.000 Euro. Hiervon entfallen 25.000 Euro auf eine Auslandstätigkeit in Norwegen. Für die Gesamteinkünfte in Höhe von 100.000 Euro sei in Deutschland eine Einkommensteuer von 20.000 Euro zu zahlen.

Die auf die ausländischen Einkünfte entfallende deutsche Einkommensteuer beträgt 5.000 Euro (20.000 * 25.000 / 100.000).

Die ausländische Steuer kann daher bis zu einer Höhe von 5.000 Euro auf die deutsche Steuer angerechnet werden. Der Höchstbetrag stellt sicher, dass die erwirtschafteten Einkünfte nur einmal besteuert werden. Ist die im

Tätigkeitsstaat entrichtete Steuer niedriger als der errechnete Höchstbetrag, ergibt sich ein Minderbetrag, welcher nicht anrechnungsfähig ist.

Voraussetzung für eine Anrechnung der ausländischen Steuer ist, dass diese in dem Staat erhoben wird, aus dem die Einkünfte stammen. Zudem muss die ausländische Steuer mit der deutschen Einkommensteuer vergleichbar sein. Ausgeschlossen werden damit Steuern, die in einem Drittland zu zahlen sind sowie Steuern, die auf das Vermögen oder den Umsatz erhoben werden.

Ferner ist zu beachten, dass lediglich die in § 34d EStG genannten Einkünfte begünstigt sind. Hierzu gehören die Einkünfte aus nichtselbstständiger Arbeit, sofern die Tätigkeit in einem ausländischen Staat ausgeübt oder – ohne in Deutschland ausgeübt zu werden – im Ausland verwertet wird bzw. verwertet worden ist.

14.3.2 Abzugsmethode

Die zweite Möglichkeit zur Verminderung bzw. Beseitigung einer Doppelbesteuerung ist die sog. Abzugsmethode, § 34c Abs. 2 EStG. Hierbei wird die festgesetzte und gezahlte und keinem Ermäßigungsanspruch mehr unterliegende ausländische Steuer bei der Ermittlung der in Deutschland zu besteuernden Einkünfte abgezogen. Die Höhe der Einkünfte in der jeweiligen Einkunftsart ergibt sich dann als Differenz zwischen den steuerpflichtigen Einnahmen einerseits und den mit diesen Einnahmen im Zusammenhang stehenden Werbungskosten sowie den abzuziehenden ausländischen Steuern andererseits.

Beispiel:

Ein Arbeitnehmer, der nach Schweden entsandt war, hat ein zu versteuerndes Einkommen von 100.000 Euro. Die während der Entsendung erzielte Vergütung beträgt 25.000 Euro, wofür er bereits Steuern in Höhe von 10.000 Euro bezahlt hat.

Bei Inanspruchnahme des Steuerabzugs nach § 34c Abs. 2 EStG werden die deutschen Einkommensbesteuerung Einkünfte in Höhe von (100.000 € - 10.000 € =) 90.000 € zugrunde gelegt.

Voraussetzung für die Anwendung des § 34c Abs. 2 EStG ist wie bei der Anrechnungsmethode, dass die ausländische Steuer in dem Staat erhoben wird, aus dem die Einkünfte stammen und diese mit der deutschen Einkommensteuer vergleichbar ist. Schließlich werden auch im Rahmen der Abzugsmethode lediglich die in § 34d EStG genannten Einkünfte berücksichtigt.

14.3.2.1 Vergleich der Anrechnungs- mit der Abzugsmethode

Ein Vergleich von Anrechungs- und Abzugsmethode ergibt, dass die Anrechnungsmethode in der Regel günstiger für den Steuerpflichtigen ist. Dies hängt damit zusammen, dass im Rahmen der Abzugsmethode lediglich die Bemessungsgrundlage der Einkommensteuer gemindert wird. Demgegenüber führt die Anrechnungsmethode unmittelbar zu einer Reduzierung der Einkommensteuer.

Aus diesem Grund erfolgt von Gesetzes wegen – sofern die genannten Voraussetzungen vorliegen – stets die Steueranrechnung. Begehrt der Steuerpflichtige die Anwendung der Abzugsmethode, hat er dies zu beantragen.

14.3.3 Erlassmethode

Um eine doppelte Einkommensbesteuerung und eine daraus resultierende Steuerbelastung zu vermeiden, kann die auf den ausländischen Arbeitslohn entfallende deutsche Einkommensteuer ganz oder teilweise erlassen werden. Voraussetzung ist, dass der Erlass der Steuer aus volkswirtschaftlichen Gründen zweckmäßig ist, § 34c Abs. 5 EStG. Die Finanzverwaltung hat mit dem sog. *Auslandstätigkeitserlass* vom 31.10.1983 von dieser Ermächtigung Gebrauch gemacht. Danach wird unter bestimmten Voraussetzungen von einer Besteuerung der im Ausland erzielten Einkünfte abgesehen. Zweck des Erlasses ist die Reduzierung der Lohnkosten, wodurch die Wettbewerbsfähigkeit der inländischen Unternehmen gestärkt werden soll.

Der Auslandstätigkeitserlass gilt lediglich für Tätigkeiten in ausländischen Staaten, mit denen keine Doppelbesteuerungsabkommen bestehen. Es ist erforderlich, dass der entsandte Mitarbeiter zu einem inländischen Arbeitgeber in einem gegenwärtigen Dienstverhältnis steht. Unerheblich für die Anwendung des Erlasses ist, ob der Mitarbeiter in Deutschland der unbeschränkten oder beschränkten Steuerpflicht unterliegt.

Zudem ist eine zeitliche Komponente zu beachten. Es ist erforderlich, dass die Auslandstätigkeit mindestens drei Monate ununterbrochen ausgeübt wird. Der Zeitraum beginnt mit dem Antritt der Reise ins Ausland und endet mit der Rückkehr ins Inland. Die Reisetage sind bei der Berechnung mit zu berücksichtigen. Kehrt der Mitarbeiter lediglich vorübergehend ins Inland zurückkehrt oder wird der Zeitraum der Auslandstätigkeit durch Urlaub oder Krankheit unterbrochen, sind diese Unterbrechungen unschädlich.

14.3.3.1 Vorübergehende Rückkehr ins Inland

Eine lediglich vorübergehende Rückkehr ins Inland liegt vor, wenn die Rückkehr zur Durchführung oder Vorbereitung eines Vorhabens notwendig ist. Eine solche Unterbrechung liegt z. B. vor, wenn im Rahmen des Vorhabens Probleme aufgetreten sind und diese nun am Hauptsitz des Unternehmens im Inland besprochen werden müssen. Der maximale Zeitraum der Unterbrechung darf jedoch höchstens 10 Kalendertage betragen.

14.3.3.2 Urlaub und Krankheit

Unterbrechungen der Auslandstätigkeit durch Urlaub oder Krankheit sind ebenfalls unschädlich. Diesbezüglich ist es unerheblich, an welchem Ort sich der Arbeitnehmer während der Unterbrechung aufhält. Urlaubs- bzw. Krankheitstage werden bei der 3-Monats-Frist nicht mit gerechnet. Dies bedeutet, dass sich der 3-Monats-Zeitraum um die Urlaubs- bzw. Krankheitstage verlängert.

Ferner ist erforderlich, dass die sachlichen Voraussetzungen des Auslandstätigkeitserlasses erfüllt sind. Diesbezüglich enthält Abs. 1 des Erlasses eine Auflistung der begünstigten Tätigkeiten. Hierbei handelt es sich im Wesentlichen um Montagearbeiten im Ausland sowie die Beratung dieser produktiven Aktivitäten im Ausland. Im Einzelnen werden folgende Tätigkeiten genannt:

- die Planung, Errichtung, Einrichtung, Inbetriebnahme, Erweiterung, Instandsetzung, Modernisierung, Überwachung oder Wartung von Fabriken, Bauwerken oder ähnlichen Anlagen,
- der Einbau, die Aufstellung oder Instandsetzung sonstiger Wirtschaftsgüter,
- das Aufsuchen oder der Gewinnung von Bodenschätzen,
- die Beratung ausländischer Arbeitgeber oder Organisation im Hinblick auf die oben genannten Vorhaben oder
- die deutschen öffentlichen Entwicklungshilfe

Begünstigt sind alle Tätigkeiten, die von Arbeitnehmern inländischer Arbeitgeber im Zusammenhang mit den begünstigten Vorhaben ausgeübt werden. Ausreichend ist bereits eine mittelbare Mitwirkung, so dass auch die Tätigkeit von Hilfspersonen, wie z. B. von Bürokräften erfasst sind.

Zu beachten ist, dass für die folgenden Arbeitnehmertätigkeiten Besonderheiten gelten:

- Bordpersonal auf Seeschiffen
- Leiharbeitnehmer
- Finanzielle Berater

14.3.3.2.1 Bordpersonal auf Seeschiffen

Die Tätigkeit des Bordpersonals auf Seeschiffen ist von der Begünstigung nach dem Auslandstätigkeitserlass ausgenommen. Das gilt auch für das Bordpersonal auf Schiffen, die zur Forschung oder Gewinnung von Bodenschätzen eingesetzt werden oder die Anlagengüter für bestimmte Vorhaben befördern. Allerdings fallen Forscher bzw. Monteure, die einen solchen Transport begleiten, nicht unter die Regelung. Die Vorschrift bezieht sich lediglich auf das Bordpersonal

14.3.3.2.2 Leiharbeitnehmer

Die Tätigkeit von Leiharbeitnehmern bei begünstigten Vorhaben fällt nur dann nicht unter den Auslandstätigkeitserlass, wenn der Arbeitnehmer von einem Unternehmen mit gewerbsmäßiger Arbeitnehmerüberlassung verliehen wird. Beschäftigt hingegen der inländische Hersteller einer Maschine einen Arbeitnehmer eines anderen inländischen Unternehmens zur Abwicklung des Auftrags im Ausland, ist der dem entliehenen Arbeitnehmer im Ausland gezahlte Lohn nach dem Auslandstätigkeitserlass steuerfrei. Voraussetzung ist hierbei jedoch, dass sowohl der Verleiher als auch der Entleiher inländische Unternehmen sind, weil nur dann ein inländischer Auftragnehmer und ein inländischer Arbeitgeber vorliegen.

14.3.3.2.3 Finanzielle Berater

Die Tätigkeit finanzieller Berater ist insoweit von der Begünstigung ausgeschlossen, als diese Tätigkeit im Rahmen einer typischen Banktätigkeit ausgeübt wird, das ist z. B. bei einem in einer Bankfiliale im Ausland beschäftigten Arbeitnehmer der Fall, der mit Finanzierungsfragen befasst ist.

Sozialversicherungsrechtliche Aspekte

15 Sozialversicherungsrecht

15.1 Sozialversicherungsrechtliche Aspekte

Die für die Entsendung von Mitarbeitern zuständigen Personen im Unternehmen sollten bei Auslandsentsendungen die sozialversicherungsrechtlichen Folgen für den Expat und die ihn begleitenden Familienangehörigen, aber auch für das Unternehmen selbst, genauestens prüfen. Um z. B. eine Doppelversicherung in verschiedenen Staaten zu vermeiden und dem Mitarbeiter dennoch den optimalen Versicherungsschutz zu gewährleisten, sollte die sozialversicherungsrechtliche Situation vor der Entsendung analysiert und die notwendigen Schritte eingeleitet werden. Dabei ist der Verbleib des entsandten Mitarbeiters im deutschen Sozialversicherungssystem zu empfehlen. So können Nachteile aufgrund des Auslandsaufenthaltes für beide Seiten vermieden werden. Dieses Kapitel stellt daher die grundsätzlichen sozialversicherungsrechtlichen Problematiken dar, die bei einer Entsendung von Arbeitnehmern ins Ausland entstehen können.

15.2 Sozialversicherungspflicht in Deutschland

Die gemeinsamen Vorschriften für die Sozialversicherungen sind im vierten Sozialgesetzbuch (SGB IV) geregelt.

Besonders bedeutsam ist im Zusammenhang mit Mitarbeiterentsendungen der erste Abschnitt des Gesetzes, der Grundsätze und Begriffsbestimmungen der Sozialversicherungen enthält.

Der sachliche Geltungsbereich des SGB IV erstreckt sich gemäß § 1 Abs. 1 des Gesetzes mit wenigen Ausnahmen auf alle Versicherungszweige (Kranken-, Unfall-, Renten-, Pflege- und Arbeitslosenversicherung).

15.2.1 Persönlicher Geltungsbereich des SGB IV

Die Versicherungspflicht erstreckt sich im Wesentlichen auf Personen, die gegen Arbeitsentgelt oder zu ihrer Berufsausbildung beschäftigt sind. Beschäftigung ist nach der Legaldefinition des § 7 Abs. 1 Satz 1 SGB IV *die nicht-selbstständige Arbeit, insbesondere in einem Arbeitsverhältnis.* Somit knüpft die Sozialversicherungspflicht am Vorliegen eines abhängigen Beschäftigungsverhältnisses an.

Bei zu entsendenden Mitarbeitern ist davon auszugehen, dass sie bei ihrer Beschäftigung in Deutschland einer weisungsgebundenen Tätigkeit nachgehen und in den Betrieb des Weisungsgebers eingegliedert sind. Gemäß § 7 Abs. 1 Satz 2 SGB IV stellen diese Kriterien Anhaltspunkte für eine Beschäftigung im sozialversicherungsrechtlichen Sinn dar. Entsandte sind somit vor Antritt des Auslandseinsatzes als sozialversicherungspflichtig einzustufen.

15.2.2 Räumlicher Geltungsbereich des SGB IV

15.2.2.1 Beschäftigungslandprinzip

Sofern die Vorschriften über die Versicherungspflicht und Versicherungsberechtigung eine Beschäftigung voraussetzen, sind sie nur dann anzuwenden, wenn die Beschäftigung im Geltungsbereich des Gesetzes erfolgt (*Beschäftigungsortprinzip*, vgl. § 3 Nr. 1 SGB IV).

§ 9 Abs. 1 SGB IV definiert den Beschäftigungsort als den Ort, *an dem die Beschäftigung tatsächlich ausgeübt wird.*

Wenn die Voraussetzung des § 3 Nr. 1 SGB IV nicht vorliegt, ist gemäß § 3 Nr. 2 SGB IV für die Versicherungspflicht oder Versicherungsberechtigung entscheidend, ob eine Person ihren Wohnsitz oder gewöhnlichen Aufenthalts im Geltungsbereich des Gesetzes hat (*Wohnsitzprinzip*). Für einen Arbeitnehmer ist es somit unerheblich, ob er einen Wohnsitz oder gewöhnlichen Aufenthalt im In- oder Ausland hat, wenn er im Inland beschäftigt ist. Folglich ist auch die Nationalität des Arbeitnehmers nicht von Bedeutung.

Merke: Für die Versicherungspflicht in Deutschland ist lediglich entscheidend, ob der Beschäftigungsort gemäß § 9 SGB IV in Deutschland liegt.

15.2.2.2 Ausnahmen vom Beschäftigungslandprinzip

Die §§ 4 - 6 SGB IV enthalten Ausnahmen vom Beschäftigungslandprinzip.

In § 4 SGB IV ist die so genannte *„Ausstrahlung"* geregelt, die den Geltungsbereich des Gesetzes bezüglich vorübergehend ins Ausland entsandter Arbeitnehmer erweitert.

§ 5 SGB IV richtet sich an zeitlich befristet nach Deutschland entsandte Arbeitnehmer und nimmt sie von der deutschen Sozialversicherungspflicht aus *(„Einstrahlung"* von ausländischem Sozialversicherungsrecht nach Deutschland).

Nach § 6 SGB IV sind Regelungen des über- und zwischenstaatlichen Rechts vorrangig zu behandeln.

Als überstaatliches Recht sind z.b. die Verordnungen der Europäischen Union zu verstehen, zwischenstaatliches Recht sind bi- oder multilaterale Abkommen über soziale Sicherheit und Arbeitslosenversicherung.

Beide Regelungsarten erweitern oder beschränken den Geltungsbereich des jeweiligen nationalen Sozialversicherungsrechts ähnlich der Ein- bzw. Ausstrahlung. So wird zwischen den Abkommensstaaten (EU-Mitgliedern) geregelt, in welchem Staat der entsandte Mitarbeiter dem Sozialversicherungsrecht unterliegt. Gäbe es diese Ausnahmen nicht, so könnte ein Arbeitnehmer, der seine Arbeitsleistung vorübergehend im Ausland erbringt, den Schutz des deutschen Sozialversicherungsrechts aufgrund des ausländischen Beschäftigungsortes verlieren.

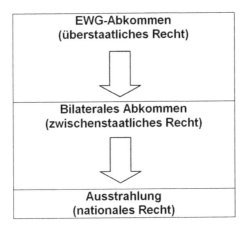

15.2.2.3 Entsendung in vertragsloses Ausland

Wird ein Mitarbeiter ins Ausland entsandt, unterliegt er nach dem Beschäftigungslandprinzip grundsätzlich nicht länger der Versicherungspflicht in der deutschen Sozialversicherung.

Es kann jedoch sein, dass er mittels der in den §§ 4 - 6 SGB IV dargestellten Ausnahmeregelungen trotzdem im deutschen Sozialversicherungssystem verbleiben kann.

Wenn das Gastland kein Mitglied der EU oder EWR ist und Deutschland mit ihm auch kein Abkommen über soziale Sicherheit abgeschlossen hat, kommt für die Beurteilung der Weitergeltung der Versicherungspflicht ausschließlich deutsches Sozialversicherungsrecht zur Anwendung. Für diesen Fall ist § 4 SGB IV ausschlaggebend.

Zum Teil wird in den einzelnen Versicherungszweigen die Möglichkeit der freiwilligen Versicherung oder „freiwilligen Pflichtversicherung" eröffnet. Im Anschluss an die Darstellung der Ausstrahlung nach § 4 SGB IV wird auf diese Möglichkeiten eingegangen.

15.2.3 Ausstrahlung der Versicherungspflicht

§ 4 Abs. 1 SGB IV sagt:

„Soweit die Vorschriften über die Versicherungspflicht und die Versicherungsberechtigung eine Beschäftigung voraussetzen, gelten sie auch für Personen, die im Rahmen eines im Geltungsbereich dieses Gesetzbuchs bestehenden Beschäftigungsverhältnisses in ein Gebiet außerhalb dieses Geltungsbereichs entsandt werden, wenn die Entsendung infolge der Eigenart der Beschäftigung oder vertraglich im Voraus zeitlich begrenzt ist."

Die Bundesversicherungsanstalt für Angestellte (BfA) definiert den Begriff der Ausstrahlung wie folgt:

„Unter Ausstrahlung versteht das deutsche Sozialversicherungsrecht das Hinauswirken eines inländischen Beschäftigungsverhältnisses in das Ausland."

Daraus folgt, dass in Deutschland beschäftigte Arbeitnehmer auch bei vorübergehender Entsendung ins Ausland weiterhin im deutschen Sozialversicherungssystem versichert bleiben können. Die Argumentation der BfA ist, dass durch diese Durchbrechung des Beschäftigungslandprinzips sichergestellt werde, dass dem Entsandten durch seine Auslandstätigkeit kein Nachteil hinsichtlich seiner Ansprüche aus der deutschen Sozialversicherung entsteht. Dabei bleibt sicherlich auch die fortlaufende Beitragszahlung in das deutsche Sozialversicherungssystem aus Sicht der Gesamtheit der Versicherten wünschenswert und bildet daher für den Gesetzgeber eine Motivation für die Ermöglichung einer Durchbrechung des Beschäftigungslandprinzips.

15.2.4 Voraussetzungen der Ausstrahlung

Die Anwendung der Ausstrahlung unterliegt unabhängig von der Staatsangehörigkeit des Arbeitnehmers im Wesentlichen drei Voraussetzungen.

Der Arbeitnehmer muss

1. im Rahmen eines inländischen Beschäftigungsverhältnisses
2. von seinem inländischen Arbeitgeber ins Ausland entsandt werden und
3. die Entsendung muss im Voraus einer Befristung unterliegen.

Zu 1: ...im Rahmen eines inländischen Beschäftigungsverhältnisses:
Ein inländisches Beschäftigungsverhältnis liegt nach § 7 Abs. 1 SGB IV vor, wenn es sich um eine Beschäftigung, also um eine nichtselbständige Arbeit handelt. Das ist regelmäßig in einem Arbeitsverhältnis der Fall.

Anhaltspunkte für eine solche Beschäftigung sind eine Tätigkeit nach Weisungen und eine Eingliederung in die Arbeitsorganisation des Weisungsgebers.

Für die Anwendung der Ausstrahlung muss nun dieses inländische Beschäftigungsverhältnis für die Dauer der Entsendung weiter bestehen. Daher muss der Arbeitnehmer weiterhin organisatorisch im inländischen Betrieb eingegliedert bleiben.

Ist das der Fall und trägt der inländische Arbeitgeber weiterhin die wirtschaftliche Last der Vergütung, so kann das Fortbestehen des inländischen Beschäftigungsverhältnisses regelmäßig angenommen werden. Dem steht nicht entgegen, dass der entsandte Mitarbeiter im ausländischen Betrieb beispielsweise den sachlichen Weisungen seiner Projektleitung Folge zu leisten hat. Vielmehr ist damit gemeint, dass der deutsche Arbeitgeber immer noch seine arbeitsvertraglich vereinbarten Rechte ausüben kann.

Gegen ein Fortbestehen des inländischen Beschäftigungsverhältnisses spricht hingegen, wenn die Vergütung zwischen dem inländischen und dem ausländischen Unternehmen aufgeteilt oder ausschließlich von Letzterem wirtschaftlich getragen wird. Für die Ausstrahlung ist es aber unbeachtlich, wenn das ausländische Unternehmen die Vergütung aus Vereinfachungsgründen lediglich im Auftrag des inländischen Arbeitgebers an den Entsandten auszahlt. Dies ermöglicht auch die statistische Führung eines Gehaltskontos im ausländischen Unternehmen, wie es etwa zur Berechnung der ausländischen Lohnsteuer notwendig sein kann. Unerheblich ist auch, ob in Deutschland oder im Ausland aufgrund von Doppelbesteuerungsabkommen Lohnsteuer abgeführt wird.

Grundsätzlich müssen die Hauptpflichten des inländischen Arbeitsvertrages (Arbeitsleistung und Entgeltzahlung) während der Entsendung zwischen den Parteien fortbestehen.

Daher kann eine Ausstrahlung dann nicht angenommen werden, wenn ein separater Arbeitsvertrag mit dem ausländischen Unternehmen abgeschlossen und der Arbeitsvertrag mit dem inländischen Arbeitgeber für die Dauer der Entsendung ruhend gestellt wird.

Die Vertragsgestaltung bei Entsendungen kann somit großen Einfluss auf das Weiterbestehen der Sozialversicherungspflicht in Deutschland haben. Jedoch ist das formale Bestehen eines Arbeitsvertrages mit dem inländischen Arbeitgeber keine Garantie für die Anwendung des § 4 SGB IV. Vielmehr müssen die tatsächlichen Verhältnisse einen Beschäftigungsschwerpunkt im Inland erkennen lassen.

Zu 2. ... ins Ausland entsandt:

Im sozialversicherungsrechtlichen Sinn liegt eine Entsendung dann vor, wenn sich der Arbeitnehmer auf Weisung seines inländischen Arbeitgebers vom Inland in das Ausland begibt, um dort eine zeitlich befristete Beschäftigung für diesen Arbeitgeber auszuüben.

Hierbei kommt es lediglich auf die Beschäftigung bzw. den Ort der Ausübung der Beschäftigung an.

Eine Entsendung ist auch dann gegeben, wenn ein Mitarbeiter nur zum Zweck der Entsendung eingestellt wird, sofern vorher ein anderweitiger Bezug zur deutschen Sozialversicherung bestanden hat. Dieser kann beispielsweise in einer sozialversicherungspflichtigen inländischen Beschäftigung bei einem vorherigen Arbeitgeber, mindestens jedoch in einem inländischen Wohnsitz oder gewöhnlichen Aufenthalt im Inland liegen.

Der Wechsel des inländischen Arbeitgebers während der Entsendung ist möglich und für die Ausstrahlung unschädlich.

§ 4 SGB IV ist jedoch dann nicht anwendbar, wenn eine Beschäftigung im inländischen Betrieb nach Beendigung des Auslandseinsatzes nicht vereinbart ist.

Wird ein im Ausland ansässiger Arbeitnehmer von einem deutschen Unternehmen für die Tätigkeit in seinem Wohnsitzstaat eingestellt (so genannte Ortskräfte), kann ebenfalls nicht von einer Ausstrahlung ausgegangen werden. Das gilt auch dann, wenn ein deutsches Unternehmen einem im Ausland ansässigen Arbeitnehmer in ein Drittland entsendet.

Merke: Voraussetzung für die Ausstrahlung ist der Bezug zum deutschen Sozialversicherungssystem vor der Entsendung.

Zu 3. ....im Voraus zeitliche Befristung:

Die dritte Voraussetzung für das Vorliegen einer Ausstrahlung ist, dass der Auslandseinsatz im Voraus zeitlich befristet ist.

Nach Auffassung des Bundessozialgerichts (BSG) kann eine Höchstdauer der Entsendung aus § 4 Abs. 4 SGB IV nicht hergeleitet werden. Jedoch muss vor Entsendebeginn das Ende des Auslandseinsatzes entweder durch ein festes Datum oder den Eintritt eines bestimmten Ereignisses bestimmt werden. Zu lange Entsendefristen können dagegen andeuten, dass die Befristung nur formal vereinbart wurde, um im deutschen Sozialversicherungssystem zu verbleiben. Dann kann es vorkommen, dass die Befristung nicht anerkannt wird.

Im Arbeits- oder Entsendevertrag können feste Beginn- und Enddaten oder lediglich ein bestimmter Entsendezeitraum (12 Monate, 4 Jahre, etc.) festgelegt werden.

Das Ende der Entsendung muss nach dem Kalender bestimmbar sein. Eine Verlängerung der Entsendung ist möglich, jedoch darf diese nicht die Befristung der Entsendung an sich aufheben.

Mögliche Verlängerungsklauseln sind: *„Der Vertrag kann für die Dauer von weiteren 24 Monaten verlängert werden"* oder *„Der Vertrag gilt für die Dauer von drei Jahren. Er kann verlängert werden, wenn dies spätestens vier Monate vor Vertragsablauf schriftlich vereinbart wird"*.

Schädlich für die Befristung der Entsendung wäre jedoch folgende Klausel: *„Dieser Vertrag gilt für die Dauer von 12 Monaten. Er verlängert sich, sofern ihn Arbeitnehmer oder Arbeitgeber nicht bis zum ... kündigen, jeweils um ein weiteres Jahr."* Aus einer solchen Klausel lässt sich kein Enddatum bestimmen, da die Verlängerung ohne vorherige Kündigung automatisch eintritt.

Eine Befristung aufgrund der Eigenart der Beschäftigung ist dann gegeben, wenn die Entsendung im Zusammenhang mit bestimmten Arbeiten steht, deren Ende nicht genau bestimmbar ist. Dies wäre z. B. bei der Errichtung von Bauwerken oder Anlagen denkbar.

Ein vertraglich vereinbartes Rückrufrecht stellt keine zeitliche Begrenzung dar.

Die Befristung bis zum Erreichen der Altersgrenze für eine Altersrente gilt ebenfalls nicht als Begrenzung im Sinne des § 4 SGB IV, weil die Altersrente auf unbestimmte Zeit verschoben werden kann.

Die Umwandlung einer befristeten Entsendung in einen unbefristeten Auslandseinsatz hat das Erlöschen der Ausstrahlung ab dem Zeitpunkt der Umwandlung zur Folge. Nach Auffassung der BfA ist es im Rahmen der Ausstrahlung auch möglich, einen Arbeitnehmer nacheinander zeitlich befristet in zwei ausländische Staaten zu entsenden.

Soll eine Entsendung ein zweites Mal verlängert werden, erkennt die BfA jedoch keine zeitliche Befristung mehr an, *„weil der Endzeitpunkt der Entsendung tatsächlich nicht mehr erkennbar ist."*

Um die Anwendung des § 4 SGB IV nicht zu gefährden, müssen entweder alle Entsendungen vor Antritt des ersten Auslandseinsatzes geplant, eine zeitliche Befristung insgesamt gegeben und die Rückkehr nach Deutschland vorgesehen sein. Sind von Beginn der Beschäftigung an nur Auslandseinsätze des Arbeitnehmers geplant, liegt keine Befristung vor, und somit auch keine Ausstrahlung.

15.2.5 Folgen der Ausstrahlung

Wird der Geltungsbereich des deutschen Sozialversicherungsrechts aufgrund der Ausstrahlung erweitert, ist der Entsandte in allen Versicherungszweigen so zu behandeln, als würde er einer Beschäftigung in Deutschland nachgehen. Er hat folglich Beiträge an die deutschen Sozialversicherungsträger zu leisten und kann im Gegenzug Leistungen der einzelnen Sozialversicherungszweige in Anspruch nehmen.

Bei Auslandssachverhalten ist jedoch bezüglich der Leistungsgewährung der gesetzlichen Krankenkasse eine Besonderheit zu beachten. Erkrankt ein gesetzlich krankenversicherter Arbeitnehmer im Ausland, so erhält er gemäß § 17 SGB V die ihm zustehenden Sachleistungen von seinem Arbeitgeber. Die zuständige deutsche Krankenkasse hat diesem wiederum die Kosten zu erstatten, die ihr im Inland für die Behandlung des Versicherten entstanden wären. Folglich kann es vorkommen, dass dem Arbeitgeber Kosten einer im Ausland teureren Behandlung nicht im gesamten Umfang ersetzt werden, weil die deutsche Krankenkasse durch den Auslandsaufenthalt des Versicherten nicht schlechter gestellt werden soll, als bei dessen Aufenthalt im Inland. Dies gilt auch für die mitversicherten Familienangehörigen. Es empfiehlt sich daher für den Arbeitgeber auch bei der Ausstrahlung der deutschen Versicherungspflicht, eine private Auslandskrankenzusatzversicherung für diesen Mitarbeiter und mit ihm ausreisende

Familienangehörige abzuschließen (vgl. auch Kapitel 1 „Vorbereitung der Entsendung").

Leistungen der gesetzlichen Unfallversicherung werden gemäß § 97 SGB VII auch an Berechtigte, die ihren gewöhnlichen Aufenthalt im Ausland haben, gewährt.

Im Gegensatz dazu werden Ansprüche aus der Arbeitslosenversicherung gemäß § 337 Absatz 1 Satz 1 SGB III ausschließlich auf inländische Konten und somit nicht ins Ausland gezahlt.

Die Folgen der Ausstrahlung treten Kraft Gesetz ein. Ein Wahlrecht steht dem entsandten Mitarbeiter nicht zu. Es kann jedoch durch die Gestaltung des Entsendevertrages indirekt Einfluss auf die Anwendbarkeit der sozialversichungsrechtlichen Vorschriften genommen werden.

Ist die Versicherungspflicht in Deutschland grundsätzlich gegeben, kann es insbesondere in außereuropäischen Ländern, mit denen Deutschland keine Sozialversicherungsabkommen abgeschlossen hat, zu einer Doppelversicherung kommen. Bestehen keine bi- oder multilateralen Verträge auf dem Gebiet der Sozialversicherung, ist das nationale Sozialversicherungsrecht des Entsendestaates genauso zu beachten, wie das deutsche Recht. Hierdurch kann es neben der deutschen, auch zu einer ausländischen Pflichtversicherung kommen. Dies kann in der Regel nur vermieden werden, wenn das ausländische Sozialversicherungsrecht Ausländer von der Pflichtversicherung ausnimmt oder unter der Voraussetzung befreit, dass eine Versicherungspflicht in dessen Heimatland besteht.

Die Ausstrahlung der deutschen Vorschriften entfällt, sobald eine der Voraussetzungen des § 4 SGB IV nicht länger vorliegen. Über die Versicherungspflicht entscheidet die zuständige deutsche Krankenkasse als Einzugsstelle.

15.3 Beitragspflichtiges Arbeitsentgelt bei Entsendungen

Die Berechnung des beitragspflichtigen Arbeitsentgelts erfolgt bei Entsandten, die der Ausstrahlung unterliegen, unter denselben Bestimmungen, wie bei einem im Inland Tätigen. Gemäß § 14 Abs. 1 SGB IV stellen alle laufenden einmaligen Einnahmen aus einer Beschäftigung Arbeitsentgelt dar. Unbeachtlich ist, ob auf diese Einnahmen ein Rechtsanspruch besteht und unter welcher Bezeichnung und in welcher Form sie geleistet werden. Demnach sind grundsätzlich alle Sachbezüge, wie z. B. das Bereitstellen von Wohnung und Firmenwagen im Gastland, die Übernahme von Schulgebühren, Zulagen etc., in die Bemessungsgrundlage einzubeziehen. Ob und in welcher Höhe Sach- oder Finanzbezüge Arbeitsentgelt im sozialversicherungsrechtlichen Sinne darstellen, wird anhand der einkommensteuerlichen Relevanz in Deutschland ermittelt. Sind gezahlte Kaufkraftzuschläge zum Teil lohnsteuerfrei, so stellt nur der steuerpflichtige Teil Arbeitsentgelt im sozialversicherungsrechtlichen Sinne dar. Zahlungen des Arbeitgebers für Unterkunft und Verpflegung im Ausland sind ebenfalls nur in der Höhe Arbeitsentgelt, in der sie der Lohnsteuerpflicht unterliegen.

Besteht eine Nettolohnvereinbarung, stellt auch die auf das vereinbarte Nettogehalt entfallende Steuer und der Arbeitnehmeranteil zur Sozialversicherung Arbeitsentgelt dar.

Lediglich steuerfreie Auslandsentschädigungen und steuerfreie Einnahmen gemäß § 3 Nr. 26 EStG sind nicht mit einzubeziehen. Möglicherweise besteht aufgrund eines DBA´s in Deutschland Lohnsteuerfreiheit. In diesem Fall wird das sozialversicherungsrechtliche Arbeitsentgelt so ermittelt, als läge die Besteuerung der Einkünfte in Deutschland vor.

15.4 Freiwillige Versicherung in der deutschen Sozialversicherung

Sind die Voraussetzungen zur Ausstrahlung der deutschen Sozialversicherungspflicht nicht erfüllt, bleibt in einzelnen Versicherungszweigen die Möglichkeit der freiwilligen Versicherung.

Zeiten, in denen der entsandte Mitarbeiter in Ländern gearbeitet hat, die nicht der EU/EWR angehören und mit denen kein Sozialversicherungsabkommen besteht, werden bei der Prüfung des Rentenanspruchs in Deutschland nicht berücksichtig. Werden in Abkommenstaaten Rentenversicherungszeiten nachgewiesen, so werden diese in Deutschland angerechnet. Dies gilt aber nur für die zeitliche Komponente, nicht für die Höhe der Rente. Zur Vermeidung von Versicherungslücken, sollte die deutsche Rentenversicherung daher möglichst fortgesetzt werden.

Gemäß § 4 Absatz 1 Nr. 2 SGB VI besteht für Deutsche, die vorübergehend im Ausland beschäftigt sind, die Möglichkeit der Pflichtversicherung auf Antrag. Dieser muss bei der BfA von dem im Inland ansässigen Arbeitgeber gestellt werden. Die Möglichkeit der Versicherungspflicht im Ausland kann hierdurch nicht ausgeschlossen oder umgangen werden. Eine Doppelversicherung ist somit möglich.

Unterliegt die Auslandstätigkeit keiner zeitlichen Begrenzung und liegt damit eine Ausstrahlung im sozialversicherungsrechtlichen Sinne nicht vor, besteht keine Versicherungspflicht in der gesetzlichen Rentenversicherung. Es besteht jedoch die Möglichkeit einer freiwilligen Versicherung. Voraussetzung hierfür ist die Vollendung des 16. Lebensjahres. Auch Deutsche, die ihren gewöhnlichen Aufenthalt im Ausland haben, können sich freiwillig versichern.

Merke: Die Beitragshöhe bei freiwilliger Rentenversicherung ist vom Versicherten frei bestimmbar, unterliegt jedoch gemäß § 167 SGB VI der Mindesthöhe von 400,00 € monatlich. Freiwillige Beiträge für ein Kalenderjahr müssen bis zum 31.03. des Folgejahres gezahlt werden. Bei der freiwilligen Versicherung besteht auch kein Versicherungsschutz für den Fall der Berufs- bzw. Erwerbsunfähigkeit/-minderung. Zusatzversicherungen können hier abhelfen. Weitere Informationen hierzu halten die Rentenversicherungsträger bereit.

Die Möglichkeit der freiwilligen Krankenversicherung nach § 9 SGB V ist auch für ins Ausland entsandte Arbeitnehmer möglich. Auf die Leistungen im Krankheitsfall und der Empfehlung einer privaten Auslandskrankenzusatzversicherung wurde bereits eingegangen.

War der Arbeitnehmer bereits vor der Entsendung freiwillig krankenversichert, ist zu prüfen, ob der Versicherungsschutz auch im Ausland ausreicht. Ist dies nicht der Fall, sollte die Krankenversicherung in eine Anwartschaftsversicherung umgewandelt und eine Auslandskrankenversicherung abgeschlossen werden. Die Kündigung der privaten Krankenversicherung hätte nämlich zur Folge, dass ein Neuabschluss bei Rückkehr nach Deutschland unter den dann geltenden Bedingungen erfolgen würde. Unter Umständen kommt es zu höheren Prämien aufgrund des dann höheren Eintrittsalters des Versicherten.

Ein weiterer Vorteil ist, dass zugleich die Pflegeversicherung besteht. Bestimmte Leistungen der Pflegeversicherung sind von einer Vorversicherungszeit abhängig. Die Beiträge für die Anwartschaft werden pauschal aus einem zehntel der Bezugsgröße (monatliches Einkommen) errechnet. Ein Anspruch auf Leistung besteht bei einer Anwartschaftsversicherung dagegen nicht. Durch sie werden keine Wartezeiten erfüllt.

Personen, die entweder freiwillig gesetzlich krankenversichert sind oder der Pflichtversicherung unterliegen, sind gemäß § 20 Abs. 1 und 3 SGB XI auch in der Pflegeversicherung pflichtversichert.

Mitglieder einer privaten Krankenversicherung sind gemäß § 23 Absatz 1 SGB XI dazu verpflichtet, bei ihrem privaten Versicherer eine Pflegeversicherung abzuschließen. Bei Ausscheiden aus der Versicherungspflicht aufgrund einer Entsendung ist ein entsprechender Antrag einen Monat nach dem Ausscheiden bei der bisherigen Pflegekasse des Arbeitnehmers zu stellen.

Eine freiwillige Unfallversicherung für entsandte Arbeitnehmer ist in der deutschen Sozialgesetzgebung nicht vorgesehen. Einige Berufsgenossenschaften bieten jedoch private Auslandsunfallversicherungen an.

15.5 EWG- und Sozialversicherungsabkommen

Durch europäische Verordnungen sowie durch Abkommen, die Deutschland mit verschiedenen Staaten auf sozialversicherungsrechtlicher Ebene abgeschlossen hat, wird die Anwendung der Ausstrahlung eingeschränkt. Sowohl die Verordnungen als auch die Sozialversicherungsabkommen stellen über- bzw. zwischenstaatliches Recht dar, das gemäß § 6 SGB IV Vorrang vor deutschem Sozialversicherungsrecht hat. Mittels dieser Regelungen werden Arbeitnehmer, die ihre Arbeitsleistung in verschiedenen Mitglieds- oder Vertragsstaaten erbringen, dem Sozialversicherungsrecht eines Staates zugewiesen. Doppelversicherungen, also die Pflichtversicherung aufgrund derselben Beschäftigung in zwei Staaten, werden durch diese Vorschriften weitestgehend vermieden.

15.5.1 EWG-VO 1408/71 bzw. EWG-VO 883/2004 ab Mai 2010

Auf europäischer Ebene regeln die Verordnungen (EWG) Nummer 1408/71 vom 14.06.1971 mit materiell-rechtlichem Inhalt und (EWG) Nummer 574/72 über die Durchführung der Verordnung 1408/71 vom 21.03.1972 die sozialversicherungsrechtlichen Beziehungen der Mitgliedsstaaten. Die EWG-Verordnung Nr. 883/2004 wird diese teilweise ab Mai 2010 ersetzen.

Der sachliche Geltungsbereich der Verordnung 1408/71 wird in Art. 4 normiert. Diese Vorschrift beinhaltet Leistungen bei Krankheit und Mutterschaft, Leistungen bei Invalidität einschließlich der Leistung, die zur Erhaltung oder Besserung der Erwerbsfähigkeit bestimmt sind, Leistungen bei Alter, Leistungen bei Arbeitsunfällen und Berufskrankheiten, Sterbegeld, Leistungen bei Arbeitslosigkeit und Familienleistungen.

Auf das deutsche Sozialversicherungsrecht bezogen sind folglich alle fünf Zweige der deutschen Sozialversicherung Bestandteil der Verordnung.

Gemäß Art. 2 Abs. 1 dieser Verordnung ist die Vorschrift nur auf Staatsangehörige der Mitgliedsstaaten und auf Staatenlose oder Flüchtlinge, die im Gebiet eines Mitgliedsstaates wohnen anwendbar. Arbeitnehmer mit Staatsangehörigkeit eines Nicht-EWR-Staates, die nicht den Flüchtlingsstatus besitzen, werden demnach nicht in den Geltungsbereich der Verordnung einbezogen. Hier wäre zu prüfen, ob eventuell Sozialversicherungsabkommen anwendbar sind.

15.5.2 Zuweisung der Versicherungspflicht nach Verordnung 1408/71

„Eine Person, die im Gebiet eines Mitgliedsstaates abhängig beschäftigt ist, unterliegt den Rechtsvorschriften dieses Staates und zwar auch dann, wenn sie im Gebiet eines anderen Mitgliedsstaates wohnt und ihr Arbeitgeber oder das Unternehmen, das sie beschäftigt, seinen Wohnsitz oder Betriebssitz im Gebiet eines anderen Mitgliedsstaates hat; ..." (Art. 13 Abs. 2a VO 1408/71). Diese Vorschrift weist, unabhängig vom Wohnsitz oder gewöhnlichen Aufenthalt des Arbeitnehmers, die Versicherungspflicht grundsätzlich dem Staat zu, in dem der Beschäftigung tatsächlich nachgegangen wird *(Beschäftigungsortprinzip)*.

In den Art. 14 ff. werden von diesem Grundsatz Ausnahmen gemacht.

Art. 14 Nr. 1 behandelt die kurzzeitige Entsendung von Arbeitnehmern ins europäische Ausland. Bei einer Entsendung von voraussichtlich *nicht mehr als 12 Monaten* verbleibt ein Arbeitnehmer in dem Sozialversicherungssystem, dem er aufgrund seiner ursprünglichen Beschäftigung angehört. Würde dem Grundsatz des Beschäftigungsortes gefolgt, müsste die Versicherungspflicht jedoch in dem Staat entstehen, in den er entsandt wird.

Ein Arbeitnehmer mit Beschäftigung in Deutschland, unterliegt folglich auch bei einer Entsendung nach Spanien der deutschen Sozialversicherungspflicht, wenn die Entsendung voraussichtlich nicht länger als 12 Monate andauern wird.

Dies gilt jedoch nicht, wenn ein anderer Arbeitnehmer für den die 12-Monats-Frist abgelaufen ist, dadurch im Ausland abgelöst werden soll. Die missbräuchliche Ausnutzung dieser Vorschrift, etwa durch rotierende Entsendungen verschiedener Mitarbeiter, soll dadurch unterbunden werden. Wenn schon zu Beginn der Entsendung feststeht, dass ein längerer Auslandsaufenthalt des Arbeitnehmers notwendig ist, ist die Anwendung des

Art. 14 Nr. 1 VO 1408/71 ebenfalls nicht möglich. Hier wird die VO (EG) Nr. 883/2004 eine Änderung bringen. Die Möglichkeit der Entsendung von Mitarbeitern in einen anderen Staat, wird auf zwei Jahre erweitert. Gleichzeit wird die Verlängerungsmöglichkeit der zurzeit gültigen Verordnung, auf die wir nachfolgen eingehen, abgeschafft.

Dauert die Entsendung aus nicht vorhersehbaren Gründen länger, kann eine Verlängerung der Ausstrahlung der Pflichtversicherung bis zum tatsächlichen Ende der Entsendung, längstens jedoch für weitere 12 Monate genehmigt werden (VO 1408/71) Eine solche Genehmigung muss von der jeweils zuständigen Behörde (Krankenkasse) des Gastlandes erteilt werden. Der Arbeitnehmer muss hierbei in einem Unternehmen mit Sitz in einem Mitgliedsstaat beschäftigt sein.

Für die Weitergeltung des deutschen Sozialversicherungsrechts während der Entsendung muss folglich, wie bei der Ausstrahlung nach § 4 SGB IV, eine inländische Beschäftigung vorliegen, die während der Entsendung fortbesteht. Weitere Voraussetzung für die Anwendung der Ausnahmevorschrift der Verordnung ist, dass sich der Arbeitnehmer vom Inland ins Ausland (in das Gebiet eines anderen Mitgliedsstaates) bewegt. Aus diesem Grund gelten die genannten Vorschriften auch für Arbeitnehmer, die zum Zweck der Entsendung eingestellt wurden, jedoch nicht für Ortskräfte.

Kann aufgrund der Tatsache, dass die Entsendung länger als 12 Monate andauern soll, nicht das Wohnortprinzip angewandt werden, so besteht gemäß Art. 17 der Verordnung die Möglichkeit der Ausnahmevereinbarung. Soweit es dem Interesse des Arbeitnehmers dient, kann es gemeinsam mit seinem Arbeitgeber jeweils bei der zuständigen Behörde des Wohnsitz- und des Gaststaates einen Antrag auf Gewährung einer Ausnahme stellen. In Deutschland ist hierfür die Deutsche Verbindungsstelle Krankenversicherung Ausland (DVKA) mit Sitz in Bonn zuständig. *(Deutsche Verbindungsstelle Krankenversicherung – Ausland, Pennefeldsweg 12 c, 53177 Bonn)*

Eine solche Ausnahme kann nur für künftige Zeiten gemacht werden, ein Antrag sollte daher also vor Antritt der Entsendung gestellt werden. An feste Voraussetzungen ist die Ausnahmevereinbarung aber nicht gebunden. Sie ermöglicht auch nicht das Verbleiben des entsandten Mitarbeiters im deutschen Sozialversicherungssystem, wenn er dauerhaft im Ausland arbeiten wird.

15.5.3 Einheitliche Bescheinigung/Vordrucke

Um sprachlichen Problemen vorzubeugen, werden von den Mitgliedsstaaten einheitliche Bescheinigungen bezüglich des auf das Arbeitsverhältnis anzuwendenden Sozialversicherungsrechts verwendet. Auf Antrag des Arbeitgebers oder -nehmers stellt die für den Arbeitnehmer zuständige Krankenkasse die Bescheinigung *E101 (Entsendebescheinigung)* aus, wenn die Voraussetzungen für die weitere Anwendung des deutschen Sozialversicherungsrechts gegeben sind. Die BfA als deutscher Rentenversicherungsträger ist bei privat krankenversicherten oder nicht versicherten Personen für die Erstellung der Bescheinigung zuständig.

Die Bescheinigung selbst bestätigt den Versicherungsträgern im Tätigkeitsstaat, dass der entsandte Mitarbeiter weiterhin der Pflichtversicherung in Deutschland unterliegt. Der Antrag auf Erstellung der Bescheinigung muss alle notwendigen Angaben enthalten, aus denen die Weitergeltung der deutschen Versicherungspflicht hervorgeht.

Diese sind: Name, Geburtsdatum, Adresse und Staatsangehörigkeit des Mitarbeiters, Entsendungsland und Dauer, Daten der Beschäftigungsstelle im Ausland, Angaben zur Beschäftigung im Inland und zum ausländischen Arbeitgeber.

In diesem Antrag sollte auch geklärt werden, dass der Expat keinen anderen Arbeitnehmer im Ausland ablöst. Sollte nach 12 Monaten eine Verlängerung der Entsendung notwendig sein, muss der Antrag auf Verlängerung der Entsendung mittels der Bescheinigung *E102* gestellt werden. Die BfA als deutscher Rentenversicherungsträger ist bei privat krankenversicherten oder nicht versicherten Personen für die Erstellung der Bescheinigung zuständig.

Die Bescheinigung fällt mit Inkrafttreten der neuen Verordnung 883/2004 weg, da von vornherein die Befristung für 24 Monate gilt. Eine Verlängerung ist aber nicht mehr möglich.

15.6 Sozialversicherungsabkommen

Sozialversicherungsabkommen (SVA) sind bi- oder multilaterale Verträge auf dem Gebiet der sozialen Sicherheit. Infolge des Inkrafttretens der EWG-Verordnung wurden einzelne, mit Mitgliedsstaaten der EU bzw. EWR abgeschlossene SVA gekündigt. Dennoch bestehen einige Sozialversicherungsabkommen auch weiterhin, z. B. mit Belgien, Dänemark, Finnland, Frankreich, Griechenland, Großbritannien, Italien, Lichtenstein, Niederlande, Österreich, Portugal, Schweden, Schweiz und Spanien (vgl.

dazu auch www.dvka.de, Deutsche Verbindungsstelle Krankenversicherung Ausland).

Durch die EWG-Verordnung wurden jedoch alle bisher geltenden Sozialversicherungsabkommen zwischen den Mitgliedsstaaten verdrängt. Ausnahmen bilden nur noch solche Abkommen, die den Grundsätzen der Verordnung entsprechen. Sie kommen daher nur dann zur Anwendung, wenn die Bestimmungen der EWG-Verordnung nicht greifen. Außerhalb der EU bzw. EWR bestehen ebenfalls Sozialversicherungsabkommen.

15.6.1 Sachlicher, persönlicher und zeitlicher Geltungsbereich

Entgegen dem sachlichen Geltungsbereich der EWG-Verordnung beziehen sich Sozialversicherungsabkommen meist nicht auf alle Versicherungszweige der deutschen Sozialversicherung. Lediglich bezüglich der Rentenversicherung enthalten alle SVA's Regelungen darüber, welches nationale Recht bei Sachverhalten mit Berührung des jeweiligen Staates, mit dem ein Abkommen besteht, anzuwenden ist und inwieweit Versicherungszeiten in den Abkommensstaaten zusammengerechnet werden.

Zum Teil beziehen die Abkommen die Kranken-, Arbeitslosen- und Unfallversicherungen mit ein. Sind unter Umständen in den anzuwendenden Sozialversicherungsabkommen einzelne Versicherungszweige nicht berücksichtigt, so gilt für sie weiterhin gemäß § 4 SGB IV die Ausstrahlung der deutschen Versicherungspflicht.

Erfüllt der Arbeitnehmer die Voraussetzungen der Ausstrahlung, so kann es in den jeweils betroffenen Versicherungszweigen trotz Sozialversicherungsabkommen zu einer Doppelversicherung kommen, wenn gleichzeitig die Voraussetzungen der Pflichtversicherung des Beschäftigtenlandes erfüllt sind.

Eine Einschränkung des persönlichen Geltungsbereichs von Sozialversicherungsabkommen ist eher selten. Grundsätzlich gelten die Sozialversicherungsabkommen für alle Arbeitnehmer in den jeweiligen Vertragsstaaten, unabhängig von deren Staatsangehörigkeit. Aus diesem Grund können Sozialversicherungsabkommen, die zwischen Mitgliedsstaaten der EU bzw. EWG bestehen, weiterhin zur Anwendung kommen.

Beispiel: Ist z. B. ein indischer Staatsbürger in Deutschland beschäftigt und soll er vorübergehend nach Großbritannien entsandt werden, so kommt die EWG-Verordnung aufgrund der Staatsangehörigkeit des Arbeitnehmers nicht zur Anwendung. Jedoch ist das Sozialversicherungsabkommen Deutschland - Großbritannien anwendbar, weil die Staatsangehörigkeit hier keine Rolle spielt.

Ähnlich der Regelung in der EWG-Verordnung unterliegen aber auch die meisten Sozialversicherungsabkommen einer zeitlichen Begrenzung. Dies hat wiederum zur Folge, dass nach Ablauf dieser Frist die Versicherungspflicht im tatsächlichen Tätigkeitsstaat vorliegt.

In der Regel sehen diese Sozialversicherungsabkommen jedoch eine längere Dauer der Entsendung vor. Diese kann bis zu 60 Monaten reichen, verlängerbar ist sie jedoch nicht.

Ist eine Überschreitung bereits zu Beginn der Entsendung erkennbar, kann auch bei Sozialversicherungsabkommen über die DVKA eine Ausnahmevereinbarung getroffen werden. Weiter Informationen über die einzelnen Sozialversicherungsabkommen und ihre Auswirkungen auf Entsendungen in die Abkommensstaaten sind ebenfalls unter www.dvka.de verfügbar.

15.6.2 Bescheinigungen/Vordrucke

Die Sozialversicherungsabkommen sehen ebenfalls vor, dass Arbeitgeber oder Arbeitnehmer Bescheinigungen über die Anwendung deutscher Sozialversicherungsvorschriften beantragen. Zwischen den einzelnen Abkommensstaaten wurden hierfür zu verwendende Vordrucke abgestimmt. Die Formulare sind zum Teil zweisprachig verfasst.

Aber auch ohne Übersetzung der einzelnen Bescheinigungen ist aufgrund des Aufbaus des Formulars für die zuständige Stelle erkennbar, welche Rechtsvorschriften auf die Bescheinigung des Arbeitnehmers Anwendung finden.

Die Vorlage einer solchen Bescheinigung bei den zuständigen ausländischen Stellen befreit den Arbeitnehmer von der Entrichtung der Beiträge zur ausländischen Sozialversicherung. Grundsätzlich zuständig für die Ausstellung der Bescheinigung ist bei Arbeitnehmern, die in der gesetzlichen Krankenversicherung entweder pflicht- oder freiwillig versichert sind, die zuständige deutsche Krankenkasse. Ist dies nicht der Fall, stellt die BfA die Bescheinigung aus. Gleiches gilt, wenn der Mitarbeiter von der gesetzlichen Rentenversicherung in Deutschland befreit ist und nach Bulgarien, Chile, Japan, Kanada, Kroatien, Slowenien, Ungarn oder in die USA entsandt wird. Erfolgt der Auslandseinsatz in Marokko, Polen, in der Schweiz, der Türkei oder Tunesien und ist der Arbeitnehmer lediglich in der gesetzlichen Unfallversicherung versichert, ist der Träger der deutschen Unfallversicherung zuständig.

15.7 Besonderheiten der Leistungen

Bei der Entsendung eines Mitarbeiters in einen Staat der EU/EWR oder Abkommensstaaten treten bezüglich der einzelnen Versicherungszweige Besonderheiten auf.

Krankenversicherung

Grundsätzlich hat der beschäftigte Mitarbeiter gegenüber seinem Arbeitgeber einen Anspruch auf die ihm zustehenden Leistungen der deutschen Krankenversicherung (§ 17 SGB V). Dies gilt ebenfalls für seine familienversicherten Angehörigen, falls sie ihn begleiten oder besuchen. Der Anspruch richtete sich auf die üblichen Leistungen, die in Deutschland gewährt werden. Die Inanspruchnahme des Versicherungsschutzes erfordert je nach Land verschiedene Urlaubskrankenscheine oder die Europäische Krankenversicherungskarte (EHIC). Seit März 2010 bestehen mit folgenden Staaten entsprechende Abkommen:

Bosnien und Herzegowina, Kroatien, Mazedonien, Montenegro, Schweiz, Serbien, Tunesien, Türkei.

Sie bestätigen, dass der Mitarbeiter in einer deutschen Krankenversicherung versichert ist und somit Anspruch auf ärztliche Behandlung im Ausland hat. Wird der Mitarbeiter nun im Ausland krank, übernimmt der zuständige ausländische Leistungsträger die Behandlungskosten im Rahmen der örtlichen Bestimmungen und rechnet dann mit der deutschen Krankenkasse ab (Leistungsaushilfe).

Es kommt jedoch vor, dass der behandelnde Arzt die Anspruchsbescheinigung bzw. die Europäische Krankenversicherungskarte nicht akzeptiert und eine sofort zu begleichende Privatrechnung ausstellt, die aufgrund überhöhter Gebührensätze von der eigenen Krankenkasse nur teilweise erstattet wird. Aus diesem Grund kann es in den einzelnen Ländern zu hohen Selbstbeteiligungen des Versicherten kommen. Ein Anspruch auf Ersatz durch die deutsche Krankenkasse besteht nicht. Eine private Auslandskrankenversicherung ist deshalb auch bei Reisen in die Länder der EU, des EWR oder mit Sozialversicherungsabkommen dringend zu empfehlen, da sie diesem Umstand Rechnung trägt. Darüber hinaus sollte diese Versicherung auch den eventuellen Krankenrücktransport einschließen, da dieser von der deutschen Krankenkasse nicht übernommen werden darf.

In Ländern außerhalb der EU und des EWR, mit denen kein SVA besteht, haben Versicherte nur unter den sehr engen Voraussetzungen des § 18 SGB V Anspruch auf Leistungen.

Pflegeversicherung

Die Leistungen der Pflegeversicherung erfolgen durch die Krankenversicherung unter den Voraussetzungen der EWG-Verordnung und/oder der Sozialversicherungsabkommen. Jedoch hat der Arbeitgeber hier keine Zahlungspflicht und es bleibt nur der Weg über die Leistungsaushilfe. Bleibt die Sozialversicherungspflicht in Deutschland bestehen und ist der entsandte Mitarbeiter krankenversichert, so besteht auch die Versicherungspflicht in der Pflegeversicherung.

Unfallversicherung

Bezüglich der Unfallversicherung ist anzumerken, dass der zuständige deutsche Versicherungsträger gemäß § 97 SGB VII Leistungen auch an im Ausland lebende Versichte gewähren muss. In Abkommenstaaten werden diese von dem zuständigen ausländischen Träger im Rahmen der Leistungsaushilfe übernommen. Zuständigkeit und Leistungsumfang werden im Einzelnen mit den deutschen Unfallversicherungen abgestimmt. Da dieses Verfahren einige Zeit in Anspruch nehmen kann, sollte der Arbeitgeber bei der Notwendigkeit einer ärztlichen Behandlung im Fall eines Arbeitsunfalls oder eine Berufskrankheit in Vorleistung treten. Wird die Zuständigkeit der Unfallversicherung abgelehnt, werden die Behandlungskosten wie normale Krankheitskosten von der Krankenversicherung erstattet. Eventuell empfiehlt es sich eine entsprechende private Unfallversicherung, die genau auf den Arbeitsbereich zugeschnitten sein sollte, abzuschließen. Nähere Informationen sind direkt bei den Berufsgenossenschaften erhältlich.

Rentenversicherung

Leistungen der gesetzlichen Rentenversicherung im Ausland werden nicht durch ausländische Träger übernommen. Der deutsche Rentenversicherungsträger entscheidet über Rentenanspruch und -zahlung. Unterliegt der entsandte Mitarbeiter während der Entsendung nicht der Versicherungspflicht in Deutschland, werden die Beschäftigungszeiten in Mitgliedsstaaten der EU/EWR bzw. in Abkommenstaaten bei der Prüfung des Rentenanspruchs miteinbezogen.

Beiträge zu einer ausländischen Rentenversicherung werden bei der Berechnung der deutschen Rente nicht berücksichtigt. Unter bestimmten Voraussetzungen können sich Deutsche nach Beendigung der Entsendung im Ausland gezahlte Beiträge zur ausländischen Rentenversicherung erstatten lassen. Basiert der Rentenantrag auf der Minderung der Erwerbsfähigkeit, sind bei Aufenthalt im Ausland strengere Voraussetzungen zu erfüllen als im Inland. Eine Auszahlung der Rente ins Ausland ist generell möglich. Rehabilitationsmaßnahmen werden im Ausland jedoch grundsätzlich nicht übernommen (§ 111 SGB VI).

Arbeitslosenversicherung

Grundsätzlich unproblematisch ist es, wenn für den entsandten Mitarbeiter deutsches Sozialversicherungsrecht (Ausstrahlung oder EWG-VO) zur Anwendung kommt. Hierdurch behält er natürlich den Anspruch aus der Arbeitslosenversicherung. Problematischer wird es jedoch, wenn die Entsendung in ein Land erfolgt (z. B. Russland), mit dem kein SV-Abkommen besteht. Hierdurch entfällt die Pflichtversicherung nach dem Sozialgesetzbuch. Viele Gestaltungsmöglichkeiten bietet hier das einschlägige SGB III nicht. Lediglich über § 28a SGB III ist eine „freiwillige" Arbeitslosenversicherung denkbar. Der zur Entsendung bereitstehende Mitarbeiter selbst muss einen entsprechenden Antrag einen Monat vor Beginn der Auslandstätigkeit einreichen. Zuständig ist die jeweilige Bundesagentur für Arbeit am Wohnort. Nähere Informationen sind über die Arbeitsagenturen erhältlich.

Merke: Diese Alternative hat der Gesetzgeber befristet auf den 31.12.2010!

Sozialversicherungsrecht | 113

Sozialversicherung bei Auslandsbeschäftigung im Überblick

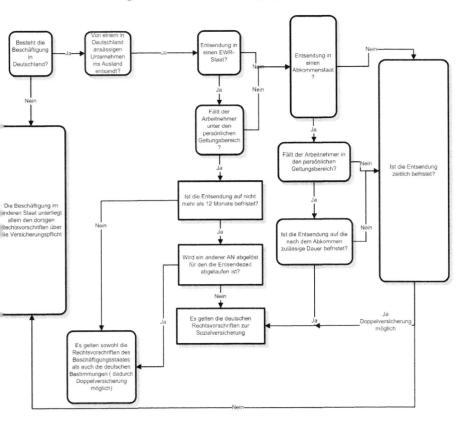

Quelle: Schaubild der Techniker Krankenkasse

Stichwortverzeichnis

A

Abberufung	62
Abbruch der Entsendung	64
Abordnung	3
Abzugsmethode	89
Altersvorsorge	57
Anrechnungsmethode	86
Ansässigkeit im Heimatland	82
Ansässigkeit im Tätigkeitsstaat	82
Ansässigkeit in beiden Abkommensstaaten	81
Ansässigkeit in keinem der beiden Abkommensstaaten	82
Anwendbarkeit des Betriebsverfassungsgesetzes	69
Arbeitsentgelt	43
Arbeitsrechtliche Voraussetzungen der Entsendung	33
Arbeitsschutzrecht	48
Arbeitszeit	49
Arten des Entsendevertrages	35
Aufenthalt von 183 Tagen	84
Aufhebungsvertrag	68
Aufstiegschancen	9
Aufwendungen	55
Aufwendungsersatz	53
Ausstrahlung der Versicherungspflicht	96
Auswahlkriterien	15
Auswirkungen auf Personalplanung, -auswahl, -entwicklung	11

B

Beendigung des Arbeitsverhältnisses während der Entsendung	65
Beendigung durch Zeitablauf oder Zweckerreichung	62
Beitragspflichtiges Arbeitsentgelt	101
Berufstätigkeit des begleitenden Partners	21
Beschäftigungslandprinzip	94
Bescheinigungen/Vordrucke	109
Beschränkte Steuerpflicht	79
Besonderheiten der Leistungen	110
Betriebliche Wiedereingliederung	31
Bordpersonal auf Seeschiffen	92

D

Dauer der Auslandstätigkeit	42
Dienstreise	2
Doppelbesteuerung	80, 86

E

Einheitliche Bescheinigung/Vordrucke	107
Einstellungsvertrag mit ausländischer Gesellschaft	37
Entgelt	10, 59
Entgeltfortzahlung	55
Entlohnung	59
Entsenderichtlinien	38
Entsendevertrag als Einstellungsvertrag	35
Entsendevertrag als Ergänzungsvertrag	37
Entsendevertrag als Zusatzvereinbarung	36
Entsendung in einen DBA-Staat	80
Entsendung in einen Nicht-DBA-Staat	87
Entsendung in vertragsloses Ausland	95
Entsendung	3
Entsendungsmotive	7
Entsendungspolitik	10
Erlassmethode	90
Ethnozentrische Ausrichtung	5
EWG- und Sozialversicherungsabkommen	104
EWG-VO 1408/71	105

F

Fachliche Kompetenz	15
Familiäre Situation	17
Folgen der Ausstrahlung	100
Freistellungsmethode	87
Freiwillige Versicherung	102
Fristen	67
Führungsfähigkeit	16

G

Geltungsdauer der Zusatzvereinbarung/des Ergänzungsvertrages	65
Geozentrische Ausrichtung	7
Gerichtsstand	51
Gesundheitliche Vorsorge	21
Gewöhnlicher Aufenthalt	79
Grundlagen des deutschen Steuerrechts	77

H

Heimreisen	54

I

Interkulturelles Training	20

K

Kontakt zum Heimatunternehmen	26
Kostenübernahme durch den Arbeitgeber	25
Krisensituation im Gastland	62
Kulturelle Anpassungsfähigkeit	16
Kündigung/Aufhebungsvertrag und Entsendevertrag als Neueinstellung	35
Kündigungsgründe	67
Kündigungsschutzgesetz	51

L

Lebensgewohnheiten im Gastland	20
Leiharbeitnehmer	92

M

Mehrstufige Personalauswahl	14
Mietkosten	54
Motive des Arbeitgebers für eine Entsendung	7
Motive des Arbeitnehmers für eine Entsendung	9

N

Nachweisgesetz	42

O

Organisationsplan	12

P

Personalbedarf	11
Personalentwicklung	9
Personalplanung	11
Persönlicher Geltungsbereich des SGB IV	93
Polyzentrische Ausrichtung	6
Private Wiedereingliederung	29

R

Räumlicher Geltungsbereich des SGB IV	94
Rechtswahl bei Arbeitsverträgen	47
Regiozentrische Ausrichtung	6
Richtlinie 96/71/EG Entsenderichtlinie (AEntRL)	74
Rückkehrbedingungen	44

S

Sachlicher, persönlicher und zeitlicher Geltungsbereich	108
Schulen und Kindergärten im Gastland	21
Sozialversicherungsabkommen	107
Sozialversicherungspflicht in Deutschland	93
Sprachkenntnisse	17
Stellenbeschreibung	13
Stellenplan	13
Steuern Sozialversicherung	53

T

Tarifvertragsrecht	71
Transfer der Unternehmensphilosophie	8

U

Umzugskosten	53
Unbeschränkte Steuerpflicht	77
Urlaub und Krankheit	91
Urlaubsanspruch	50

V

Vergütungsbestandteile	43
Vergütungsmodelle	59
Versetzung	4
Versicherungsschutz im Ausland	22
Visa, Aufenthalts- und Arbeitserlaubnis, Behördengänge	19
Voraussetzungen der Ausstrahlung	96
Vorübergehende Rückkehr ins Inland	44, 91

W

Wahlmöglichkeit des Arbeitsvertragsstatuts	45
Wiedereingliederung	29
Wissenstransfer	8
Wohnsitz	78
Wohnung im Gastland	24
Wohnung im Heimatland	24

Z

Zugang	67
Zusatzversicherungen	57
Zuweisung der Versicherungspflicht	105
Zuweisung des Besteuerungsrechts	82

Pulte
Das deutsche Arbeitsrecht
Kompaktwissen für die Praxis

In erster Linie will das Arbeitsrecht die Rechtsbeziehungen zwischen Arbeitgeber und Arbeitnehmer - den Parteien des Arbeitsrechts - und deren Organisationen und Interessenvertretern regeln. Darüber hinaus dient es dem besonderen Schutz aller in abhängiger Tätigkeit stehender Personen. Im Vordergrund des Arbeitslebens steht der Mensch mit seiner persönlichen Arbeitsleistung.

Der Titel vermittelt kompakt und übersichtlich die vielseitigen Facetten des Arbeitsrechts. Von der Einstellung über die Durchführung bis zur Beendigung des Arbeitsverhältnisses werden alle Aspekte dargestellt, die in einem Arbeitsleben auftreten können. Aber auch die kollektivrechtliche Seite Betriebsverfassung, Tarifordnung, Streikrecht, das Arbeitsschutzrecht und das arbeitsgerichtliche Verfahren sind in die Darstellung aufgenommen worden.

Das Buch aus der Reihe „Kompaktwissen für die Praxis" bietet sich somit sowohl zum Studium als auch für die praktische Orientierung als ein bedeutsames Hilfsmittel an.

ISBN 978-3-941388-00-0   Preis der Printausgabe: 19,80 €

Bontrup, Hansen
Personalmanagement
Kompaktwissen für die Praxis

Das Buch „Personalmanagement" ist eine Aufsatzsammlung von prominenten WissenschaftlerInnen und PraktikerInnen.

Neben Fragen der Personalplanung und des Personalcontrollings werden das Problemfeld der Führung im Unternehmen sowie die Theorie und Praxis aktueller Managementkonzepte zur Modernisierung der Arbeitsorganisation angesprochen. Weitere Aufsätze beschäftigen sich mit einem internationalen Vergleich der Arbeitszeitorganisation im Betrieb und mit der theoretischen Analyse des Arbeitsentgeltes in Form eines volks- und betriebswirtschaftlichen Diskurses.

Den Abschluss des Buches bildet ein Beitrag zur Unternehmenskultur, Partizipation und Mitbestimmung.

Die vorgelegte Aufsatzsammlung eignet sich sowohl für Studierende der Wirtschaftswissenschaft mit den Schwerpunkten Arbeitsökonomie und Personalbetriebswirtschaftslehre als auch für Praktiker im Bereich des Personalmanagement sowie für unternehmerische und betriebliche Mitbestimmungsträger.

ISBN 978-3-941388-17-8   Preis der Printausgabe: 19,80 €

Korenke
Das deutsche Sozialversicherungsrecht
Kompaktwissen für die Praxis

Das deutsche Sozialversicherungsrecht umfasst die fünf verschiedenen, im Sozialgesetzbuch kodifizierten Zweige der Sozialversicherung. Das sind die Arbeitslosenversicherung, die gesetzliche Kranken-, Renten- und Unfallversicherung sowie die soziale Pflegeversicherung. Das Sozialversicherungsrecht dient ebenso wie das Arbeitsrecht in erster Linie dem Schutz der abhängig Beschäftigten. Allerdings sind die Rechtsbeziehungen zwischen den Trägern der Sozialversicherung (Bundesagentur für Arbeit, Kranken- und Pflegekassen, Berufsgenossenschaften, Rentenversicherung etc.) öffentlich-rechtlicher Natur.

Der vorliegende Titel gibt einen praxisorientierten Überblick über die wichtigsten Begriffe und Institute der Sozialversicherung. Ausführlich behandelt werden vor allem die Ansprüche der Versicherten auf Arbeitslosen- und Krankengeld, auf Rente wegen verminderter Erwerbsfähigkeit, auf Verletztenrente nach einem Arbeitsunfall sowie auf Pflegegeld. Überdies werden in dem jeweiligen Kontext die Rechtsmittel des Widerspruchs und der Klage beim Sozialgericht dargestellt.

ISBN 978-3-941388-03-1   Preis der Printausgabe: 19,80 €

Pulte
Beteiligungsrechte des Betriebsrates außerhalb der Betriebsverfassung
Kompaktwissen für die Praxis

Die betriebliche Mitbestimmung der Arbeitnehmer regelt das Betriebsverfassungsgesetz. Darin ist die Zusammenarbeit zwischen Arbeitgeber, Belegschaften, Betriebsrat, Gewerkschaften und Vereinigungen des Arbeitgebers festgelegt. Es beinhaltet die Regelungen von der Wahl des Betriebsrats als Interessenvertretung der Arbeitnehmer über seine Aufgaben bis zu seinen Rechten. Geregelt werden darin im Einzelnen Informations-, Anhörungs- und Mitwirkungsrechte des Betriebsrats.

Neben den Regelungen im Betriebsverfassungsgesetz sind in zahlreichen anderen Gesetzen, Verordnungen und Anordnungen Rechte und Pflichten des Betriebsrates geregelt bzw. dessen Einbeziehung vorgesehen.

In der Reihe „Kompaktwissen für die Praxis" wird eine neue Übersicht veröffentlicht, die nach Sachgebieten geordnet den wesentlichen Regelungsinhalt beinhaltet.

ISBN 978-3-941388-01-7   Preis der Printausgabe: 19,80 €